KB276043

서른이면 잘 살 줄 알았지

서른이면 잘 살 줄 알았지

김빛나 에세이

그럴싸한 서른 대신
나다운 서른을 선택하기까지

모티브

차례

우물 안 개구리, 우물 밖 개구리

나는 늘 세상에 점수를 매기며 살아왔다. 누가 봐도 '잘 사는 사람'처럼 보이고 싶었다. 스펙, 회사, 연봉, 자취방 위치까지... 내 삶은 전부 남이 보는 기준에 맞춰져 있었다. 그렇게 나는 어느새, 겉으로 보기엔 꽤 '그럴싸한 사람'이 되어 있었다. 서른을 앞두고서도 마찬가지였다. 남들이 보기에 멋져 보이는 것만으로도 충분하다고 스스로를 속였다.

그런데 이상했다. 모든 게 갖춰질수록, 나는 더 괴로워졌다. 눈을 뜨자마자 마음속에 돌덩이가 얹힌 것처럼 답답했고, 숨 쉬는 것조차 텁텁하게 느껴지는 날들이 반복됐다. 하루하루가 마치 오래된 방 안에서 바람 한 줄기 없이 사는 것처럼, 서늘하고 무겁고, 불균형한 욕심과 불안만 가득했다. '서른이면 좀 다를 줄 알았다'는 막연한 기대와 달리, 현실의 서른은 내 마음을 더 복잡하게 만들었다.

나는 괜찮은 척을 잘했다. 힘든 것도 아닌 것처럼, 아무렇지 않은 사람인 것처럼, 그저 '열심히 살고 있는 사람'처럼 보이고 싶었다. 하지만 괜찮은 척은 결국 나를 더 외롭게 만들었다. 그럴싸한 겉모습 아래 점점 작아지는 '진짜 나'를 애써 모른 척하는 훈련만 늘어갔다. 누군가의 칭찬이 없으면 불안했고, 인정받지 못하면 초조했고, 누군가가 나보다 잘되면 괜히 마음이 흔들렸다.

어린 시절부터 받아온 경쟁 교육의 잔재는 내 마음 안에서 꽤 오랫동안 살아 있었다. 누군가를 부러워하며, 질투하고, 그러면서도 '그래도 나는 저 사람보단 나아'라는 어설픈 위안으로 스스로를 달래기 바빴다. 돌이켜보면 그때의 나는 정말 이상한 곳에 서 있었다. 겉보기엔 높아 보이지만, 실은 너무 작고 어두운 우물 속이었다.

우물 안을 벗어나고 싶으면서도 막상 뛰어오를 용기는 없었다. 우물 밖 세상은 불확실해 보였고, 우물 안은 적어도 '안정적'이었다. 서른을 앞둔 나에게 안정은 늘 최고의 가치처럼 보였지만, 그 안정이 결국 나를 가두고 있다는 사실을 인정하기까지는 오랜 시간이 걸렸다.

그러다 어느 순간, 우물 속이 점점 좁아졌다. 지금까지 지켜온 기준들이 더 이상 나를 지탱해주지 못했다. 잘 사는 것 같았지만, 잘 살고 있는 건 아니었다. 누군가의 기준 속에서 '괜찮은 사람'으로 보이기 위해 살다 보니 정작 나는 내가 누구였는지 잃어버렸다. 무엇을 좋아하는지, 어떤 사람인지, 왜 이렇게 남과 비교하며 지치는지조차 모르고 있었다.

그 질문들 앞에서 나는 결국 무너졌다. 참고 견디고, "괜찮다"고 스스로를 설득하던 날들은 어느 순간 한꺼번에 되돌아왔다. 그리고 나는 알았다. '나는 내가 만든 우물 속에서 길을 잃었구나.'

서른의 퇴사는 내가 계획했던 삶의 단계가 아니었다. 익숙한 자리였지만, 그 익숙함은 나를 지켜주는 울타리가 아니라 나를 더 작아지게 만드는 벽이었다. 컴퓨터 전원을 끄고 사무실 문을 나서는 순간, 오래된 방 안에 갇혀 지내던 내가 비로소 바깥 공기를 처음 쐬는 기분이었다. 말로 표현하기 어렵게 어색하고 서늘했지만, 낯선 바람이 온몸에 닿는 그 감각이 묘하게 좋았다.

퇴사 후의 시간은 텅 빈 것처럼 느껴졌다. 회사에서의 성공과 실패, 누군가의 평가와 인정이 가득했던 일상이 사라지자, 하루는 놀라울 만큼 조용하고 느리게 흘러갔다. 처음엔 그 고요함이 무서웠다. 아무도 나에게 방향을 제시해주지 않았고, 해야 할 일도 보이지 않았다. 나를 설명하던 명함과 직함이 사라지자, 나는 스스로가 한없이 얇아진 사람처럼 느껴졌다.

하지만 바로 그 얇음이 나를 다시 살게 했다. 그동안 단단해 보였던 그럴싸한 껍데기가 사실은 바람만 불어도 흔들리는 허약한 자존심이었다는 것을 인정하는 순간, 나는 내가 어떤 사람인지 조금씩 들여다보기 시작했다. 좋아하는 것을 물으면 대답하지 못하던 내가, 어느 날은 문득 "나는 무엇을 좋아하지?"라는 질문 자체를 잊고 살았다는 걸 깨달았다. 그제야 나는 '잘 살기 위해서'가 아니라, '살아 있는 나'를 알아가기 위해 시간을 쓰기 시작했다.

우물 밖의 일상은 어쩌면 아주 단순했다. 조금 늦게 일어나도 뭐라고 하는 사람은 없었고, 커피 한 잔을 천천히 마시며 마음을 살펴보는 시간도 생겼다. 가볍게 산책을 나가 햇빛을 받는 일, 저녁을 스스로 차려 먹는 일, 내가 먹고 싶은 음식을 고민하지 않고 고르는 일... 그런 평범한 순간 속에서 나는 그동안 잊고 있던 '나다운 감각'을 되찾았다.

우물 밖의 나는 여전히 불확실했지만, 그 불확실함이 더 이상 나를 움츠러들게 하지 않았다. 불안은 있었지만, 동시에 이상한 안정도 함께 있었다. 나는 실패할 수도, 잘못된 선택을 할 수도 있었다. 하지만 그 모든 결과가 남이 아닌 나에게서 비롯된다는 사실이 오히려 나를 단단하게 만들었다.

마침내, 서른을 앞둔 순간에야 나는 비로소 깨달았다. 남들이 말하는 정답은 나에게는 오답일 수 있다는 것을. 서른을 잘 살아야 한다는 압박도, 서른이면 어느 정도 갖춰야 한다는 불문율도, 결국 남이 만들어준 기준이었다. 나는 내 삶의 작가가 아니라, 남의 대본을 충실히 연기하는 배우처럼 살아왔던 것이다.

이제는 우물 밖에 서 있다. 아직도 익숙하지는 않지만, 적어도 나는 더 이상 가짜로 괜찮은 척하지 않는 삶에 도착했다. 남보다 느리게 가도 괜찮고, 다르게 가도 괜찮다. 내가 나답게 살기 위해 필요한 것은 거창한 용기가 아니라, 아주 작은 결심 하나였다는 걸 알게 됐다.

이 책은 우물 속에서 길을 잃었던 내가 우물 밖으로 천천히 걸어 나오는 과정의 기록이다. 서른을 앞두고 무너졌던 마음이 어떻게 다시 살아났는지, 남의 기준에 갇혀 있던 내가 어떤 과정을 거쳐 나답게 살아가기 시작했는지를 담고 있다. 잘난 척도, 미화도, 완성된 성공 스토리도 없다. 그저 흔들리고, 무너지고, 다시 시작하는 한 사람의 이야기다. 우물 밖은 생각보다 덜 무섭고, 생각보다 훨씬 더 당신 편이다.

PART 1. 남의 행복,
배가 아파

‘목련반 명단.’ 그 딱딱한 글씨가 적힌 한 줄을 보는 순간, 처음으로 마음 한구석에서 낯설 만큼 선명한 감정이 솟구쳤다. ‘남들보다 뒤처지고 싶지 않다.’ 그 단순한 감정 하나가 내 안에서 숨을 쉬기 시작한 순간이었다. 나는 그 종이를 오래도록 바라보며, 무엇인가가 내 안에서 천천히 무너지고 또 새로 쌓이는 소리를 들었다.

인문계 고등학교 첫 시험이 끝나고, 담임선생님은 성적 우수자의 이름을 무미건조하게 읽어 내려갔다. 친한 친구들의 이름이 하나둘 불렸지만, 명단이 끝날 때까지 내 이름은 없었다. 그 몇 초의 정적은 참 이상하게 길었다. 마치 시간 전체가 나의 이름을 못 찾고 주변을 서성이듯 멈춰 서 있는 느낌이었다.

목련반은 단순한 반이 아니었다. 조용한 옆 건물에 따로 마련된 공간에서, 칸막이 책상과 독서등이 주어지는 '특별한 자격'이었다. 그 자격은 말 그대로 소수에게만 주어지는 작은 세계였다. 그곳에서 공부한다는 건, 그냥 조용한 환경 이상의 의미를 갖고 있었다. 하루의 수업이 끝나고 석식을 먹고 나면, "나를 제외한" 친구들은 하나둘 목련반 교실로 향했다. 나는 늘 그 자리에서 멈춰 있었다. 정말로 멈춰 선 것처럼 느껴졌다. 발끝은 가만히 땅을 딛고 있었지만, 마음은 천천히 어둡게 가라앉았다.

그때부터였을까. 친구들이 나보다 잘하는 모습이 더 이상 순수하게 기쁘지 않았다. 기뻐해야 한다는 걸 알면서도, 마음속 어딘가가 축 처지듯 무거웠다. 솔직히 말하면... 싫었다. 그 감정을 인정하는 데도 시간이 꽤 걸렸다. 학창 시절, '공부'는 존재 가치를 결정하는 거의 유일한 단위였다. 나는 시험 성적에 따라 나 자신이 커졌다 작아지는 기묘한 세계에 살고 있었다. 처음으로 '뒤처지는 기분'이 이토록 서늘하고, 사람을 한순간에 쪼그라들게 만든다는 걸 그때 알았다. 그리고 성적 하나가 누군가에게는 새로운 문을 열어주는 '혜택'이 된다는 사실도 배웠다. 그 혜택은 모두가 받지 못하는 것이었다.

누군가는 제외되고, 누군가는 선택받았다. 그 간단한 구조가 세상에 대한 나의 시각을 순식간에 바꾸어버렸다. 그렇다면 나는 제외되는 사람이 되고 싶지 않았다. 그날 이후로 세상을 보는 각도가 조금 달라졌다. '어떻게 하면 이 세상에서 혜택을 누리며 살 수 있을까.' 그 질문이 매일 나를 따라다녔다.

결론은 아주 단순했지만, 동시에 잔인한 것이었다. 남들보다 잘하면 된다. 누군가가 더 잘되는 것이 반갑지 않은 이유도 그때 생겼다. 혜택의 문은 좁고, 자리는 늘 한정돼 있었다. 누군가가 올라서면 나는 뒤로 밀린다고 믿었다. 나는 그 믿음을 사실처럼 살아가기 시작했다. 그래서 남들보다 잘해야 했고, 남들보다 못하면 안 된다고 스스로를 끝없이 압박했다. 매일이 조용한 경쟁이었다. 이름 없는, 표지판도 없는 경쟁이었다. 하지만 그 경쟁이 나를 삼키고 있다는 사실을 그때의 나는 몰랐다.

그리고 아주 조용하게, 그러나 분명하게 마음속에 한 줄의 결론이 자리 잡았다. "남들이 잘되면 안 된다. 오로지 나만 잘되어야 한다." 그 문장은 내 마음 깊은 곳에서 돌처럼 가라앉았다. 그리고 오랫동안, 아주 오랫동안 움직이지 않았다.

그때부터 나는 남들이 공부를 못 하게 만드는 방법까지 고민하기 시작했다. 일찍 자는 척하면서 친구들을 안심시키고, 혼자 새벽까지 공부했다. 시험 전날에는 공부를 하나도 하지 않았다고 능청스레 거짓말도 했다. 그 모든 행동이 부끄러워야 했지만, 이상하게도 그때의 나는 비밀스러운 승리를 얻은 것처럼 느껴졌다.

그리고 결국 다음 학기, 나는 목련반 명단에 이름을 올렸다. 목련반이라는 타이틀은 나에게 일종의 훈장 같았다. 그 이야기를 꺼내면 모두가 나를 인정해주는 것 같았다. 그 작은 인정이 나를 하루하루 살아가게 하는 힘처럼 느껴졌다. 그렇게 나는 남들을 밟고 올라가는 것에서 묘한 쾌감을 느졌다. 목련반에서 제외된 친구를 위로하면서도 마음 한편에선 설명할 수 없는 우월감이 꿈틀거렸다. 그 감정은 달콤했지만, 어딘가 비릿했다. 그 마음이 결국 나를 어디로 데려갈지 그땐 알지 못했다.

이거였구나. 남들보다 잘난 기분. 남들보다 우월한 기분. 그게 나를 끝없이 괴롭히고 끌어당기던 힘이었다. 나는 그 힘을 '성공'이라 착각했다. 하지만 애석하게도 나는 공부를 생각만큼 잘하진 못했다. 그래서 소위 SKY는 아니어도, 적어도 '그럴싸해 보이는' 서울의 한 대학에 들어갔다. 그 대학 이름조차 나에게는 일종의 방패이자 장식이었다. 내 가치를 증명하는 가장 손쉬운 도구라고 믿었다.

대학생이 된 뒤에도 마음은 크게 달라지지 않았다. 나는 여전히 세상을 계급처럼 바라보고 있었다. "나만 잘 돼야 한다"는 문장은 이미 습관이었고, 자연스럽게 사람을 '어느 대학인지'로 판단하게 됐다. 누구와 얘기할 때도, 처음 건네는 질문 뒤편에는 늘 비교의 잣대가 날을 세우고 있었다.

그 잣대는 날카로웠지만, 아이러니하게도 나를 보호하는 갑옷처럼 느껴졌다. 나보다 높은 대학에 다니는 친구 앞에서는 내 대학을 감추기 바빴다. 괜히 말끝이 흐려지고, 웃음도 어색해졌다. 반대로 나보다 낮진 않다고 생각되는 대학 친구들 앞에서는 이상하게 어깨가 펴지고 말투에 힘이 들어갔다. 나는 그때 정말로 그런 것들로 나의 가치를 판단하고 있었다. 대학이라는 두 글자가 사람의 크기를 결정해준다고 굳게 믿었다.

그렇게 나는 대학 시절 상당 부분을 또다시 '수험생활' 속에서 보냈다. 내려놓지 못한 미련은 늘 남아 있었고, 시험을 준비하는 몇 년 동안 나는 서울 곳곳의 대학에서 온 학생들과 함께 스터디를 했다. 수학과, 통계학과, 이공계의 다양한 전공들이 모인 작은 스터디방은 때때로 전장 같았다. 칠판 위에 적히는 숫자들도, 문제를 풀 때의 침묵도, 모두 나를 압박했다. 함께 공부하는 사람들 대부분이 소위 말하는 명문대 출신이라는 사실이 나를 더 작아지게 만들었다. 공부가 어려워서가 아니었다. 내가 아무리 노력해도 넘을 수 없는 '선'이 존재하는 것 같은 그 느낌이 힘들었다. 그 선은 사실 존재하지도 않는데, 나 혼자 그어놓고 숨이 막힐 정도로 졸라매고 있었다.

스터디방에 앉아 있는 동안 나는 늘 긴장했고, 작은 질문 하나에도 얼굴이 붉어졌다. 마치 그들과의 거리가 한없이 멀어지는 느낌이 들었다. 어느 날, 연수원에서 스터디를 마치고 쉬는 시간이었다. 같이 문제를 풀던 학생이 내게 아무렇지 않게 물었다. "어디 학교 다녀요?" 아무 의미 없는 질문이었지만, 나는 대답을 하지 못하고 우물쭈물했다. 입술이 떨어지지 않았고, 목소리는 내 의지와 상관없이 사라졌다. 그때 옆자리에 앉아 있던 학생이 거들었다. "괜찮아요, 저는 지방대 다녀요."

그 말 한 줄이 내 안에서 이상한 울림을 만들었다. 갑자기 기운이 돌아오는 듯했고, 아주 작지만 우월감 같은 게 스멀스멀 올라왔다. 그 말에서 나는 처참할 정도로 얄팍한 '용기'를 얻었다. 하지만 잠시 후, 그가 말하는 '지방대'가 어디인지 알게 됐다. 그는 다름 아닌 카이스트 학생이었다. 순간 심장이 쿵 내려앉았다. 얼굴이 화끈해지고, 손끝이 떨릴 정도로 수치심이 몰려왔다. "지방대"라는 말 뒤에 숨어 있던 나의 기대와 오해는 순식간에 무너졌다.

그 순간 나는 아주 또렷하게 깨달았다. 내가 붙잡고 있던 우월감이 얼마나 얄팍했는지. 그리고 그 얄팍함을 붙잡고 살아가는 내가 얼마나 불안정한 사람인지. 나는 그 순간조차 남과 비교하지 않고는 나를 설명할 수 없었다. 그 사실이 너무도 쓰렸다.

하지만 그럼에도 불구하고 나는 쉽게 변하지 않았다. 우월감이 무너졌다고 해서 겸손이 바로 자라는 건 아니었다. 오히려 더 움츠러들었다. 그 자리에서 나는 아주 선명한 결론을 내렸다. 이 수험생활은 끝내야 한다고. 계속 여기 있으면 나는 무너진 자존심을 하루에도 몇 번씩 주워 담아야 할 것 같았다. 더 뛰어난 사람들 사이에 둘러싸여 있는 시간이 나를 강하게 만들기는커녕, 나를 점점 옅어지게 만들었다. 나는 존재 자체가 가벼워지는 기분을 견딜 수 없었다.

공부가 힘든 건 둘째였다. 진짜 문제는, 그 환경 속에서 내가 절대로 '최고'가 될 수 없다는 사실을 인정해야 한다는 점이었다. 나만 잘 되고 싶다는 좁고 메마른 마음을 안고 그 자리에 오래 머무르는 건 거의 지옥 같았다. 매일이 비교였고, 매일이 패배였고, 매일이 나를 깎아내리는 과정처럼 느껴졌다.

그렇게 결국 나는 3년이라는 시간을 한순간에 접어 넣듯 조용히 포기했다. 수험생활을 그만두기로 마음먹은 순간, 방 안의 공기가 묘하게 달라졌다. 오랫동안 몸을 조이고 있던 끈이 툭 끊어지는 느낌이었다. 그러나 동시에 아무것도 나를 지탱해주지 않는 허공에 놓여버린 듯한 어지러움도 함께 찾아왔다. 나는 내가 서 있던 바닥이 사라지는 것처럼 느꼈다. 그동안 기댔던 목표도, 방향도, 이유도 한꺼번에 사라진 순간이었다.

나는 사실 그 시험을 좋아한 적이 없었다. 문제를 푸는 과정이 즐거웠던 것도 아니었고, 그 직업을 꿈꾼 적도 없다. 지금 돌이켜보면 단 한 번도 '내가 진심으로 원해서' 그 길을 선택한 적이 없었다. 처음 그 길을 선택했을 때 들었던 말은 아주 단순했다. "이거 붙으면 돈 많이 벌어." 그 말 한 줄이 너무 쉽게 나를 흔들어 놓았다. 뭔가를 깊게 고민한 뒤 내린 결정이 아니었다. 그저 잘나 보일 수 있을 것 같다는 이유 하나로 덜컥 방향을 틀었다.

'내 삶'이 아닌 '남들에게 보일 삶'을 좇고 있었다는 사실도 몰랐다. 남들보다 덜 보잘것없어 보이기 위한 선택이었다. 그 직업을 향한 열망이 아니라, 남들보다 더 위에 서고 싶은 욕망이 나를 밀어 넣었다. 그것은 지금 생각해보면 너무 단순하고 아프게 솔직한 이유였다.

명문대 출신들 사이에 앉아 있던 시간들은 유난히 숨이 막혔다. 마치 투명한 유리벽 안에 갇혀 바깥의 세계를 구경만 하는 사람 같았다. 나는 그들과 같은 언어를 쓰고 있었지만, 이상하게도 내 목소리는 벽에 닿자마자 돌아오는 느낌이었다. 문제를 풀어도, 답을 맞혀도, 성취감은 오래가지 않았다. 그들이 내민 단단한 자신감 앞에서 나의 내면은 항상 위태롭고 무너져 있었다. 나는 늘 뒤처지는 기분으로 그 자리에 앉아 있었다. 낮에는 문제를 풀고, 밤에는 자존심을 추스르고, 아침이면 다시 '괜찮은 척' 책상 앞에 앉았다. 하지만 그 반복 속에서 나는 점점 내가 아니라 그림자처럼 느껴졌다. 하루하루가 나를 소모시키는 방식으로 흘러갔다.

그러던 어느 날, 나는 깨달았다. 나는 누구보다 열심히 살고 있었지만 그 열심이 한 번도 나를 위한 적이 없었다는 것을. 그 깨달음은 시원한 해답이 아니라 가슴 깊은 곳을 쿡 찌르는 진실이었다. 내가 붙잡고 있던 목표는 사실 '내 꿈'이 아니었다. 그저 남들에게 뒤처지지 않기 위해 임시방편처럼 붙잡고 있던 방향이었다. 그래서 목표가 흔들리자 나라는 사람도 함께 흔들렸다. 그 사실을 인정한 날, 나는 오랫동안 기대고 있던 기둥이 무너지는 기분을 느꼈다. 마음속이 휑해지고, 가슴이 묵직해졌다. 그 어떤 말로도 위로되지 않는 공허함이 나를 감싸고 있었다.

그래도 나는 결심해야 했다. 아니, 사실 더는 버틸 수 없었다. 그 자리에 조금 더 머무르면 나는 아마 나를 완전히 잃게 될 것 같았다. 더 뛰어난 사람들 사이에 둘러싸여 있는 시간이 나를 강하게 만들기는커녕 점점 옅어지게 만들었다. 나는 존재가 투명해지는 기분을 견디지 못했다.

그래서 그날, 나는 그만두기로 했다. 그 선택은 용기라기보다 살아남기 위한 마지막 본능 같은 것이었다. 책을 덮고, 노트를 닫고, 그 자리를 떠났다. 그리고 이상하게도 그 조용함 속에서도 내 마음 한편에는 여전히 같은 문장이 살아 있었다. 그 문장은 목련반 시절부터 아주 길고 길게 내 선택을 흔들고 이끄는 가장 강한 문장이었다. 포기한 순간에도, 실패한 순간에도, 늘 되뇌던 말이었다. 그 말은 나의 불안과 열등감이 만들어낸 기도와도 같았다.

누구보다 잘되고 싶다는 마음, 누구보다 뒤처지고 싶지 않다는 절박함이 함께 담긴 문장이었다. 그리고 무엇보다도 20대 거의 모든 결정을 움직이던 힘이었다. 그렇기에 나는 잘못된 것을 알면서도 벗어나지 못했다. 마음 한편에서는 이 방식이 나를 더 외롭게 만든다는 걸 알고 있었다. 그럼에도 불구하고, 20대의 나는 계속해서 외쳤다. "나만 잘되게 해주세요. 내가 더 잘나게 해주세요."

'귀하의 뛰어난 능력에도 불구하고, 불합격 통지를 하게 되어 매우 안타깝게 생각합니다.' 그 문장을 처음 마주한 순간, 나는 마치 누군가가 내 존재 위에 검은 선을 그어버린 것 같은 기분이 들었다. 세상은 아주 단순한 문장 하나로 나를 한순간에 제외시켜 버렸다. 마치 내 가능성 따위는 애초부터 없었다는 듯, 그 짧은 문장 속에서 나는 철저히 배제된 사람이 되어 있었다.

그 문장은 가볍게 쓰여 있었지만, 내 마음속에서 떨어지는 소리는 묵직하고 깊었다. 그 단어들이 바닥에 부딪히는 순간, 내 안의 무언가가 함께 깨지는 듯한 느낌이었다. 어쩌면 나는 정말 이 세상에서 별 쓸모없는 사람일지도 모른다는 생각이 조용하게, 그러나 잔인하게 스며들었다. 돌아보면 나는 결코 아무것도 하지 않고 살아온 사람이 아니었다. 대학 생활 동안 나는 수험생활을 이어가기 위해 투잡, 때로는 쓰리잡까지 뛰었다. 남들은 잠들 시간에 나는 새벽 첫 버스를 타고 일터로 향했고, 피곤한 몸으로 다시 도서관 불을 켜고 하루를 시작하곤 했다.

숨 쉴 틈 없는 반복이었지만, 나는 그 속에서 내 한계를 조금씩 깎아내며 버텼다. 남들에게 보이지 않는 시간들 속에 내가 쌓아올린 노력은 분명 '내 것'이었다. 그러나 그 치열함을 알아주는 사람은 오직 나 하나뿐이었고, 그래서 더 외롭고 더 고단한 싸움이었다. 하지만 이상하게도, 스스로를 다독일 여유조차 없었다. 결과가 전부라고 믿는 세상에서, 과정은 늘 들키지 않은 그림자에 불과했기 때문이다.

세상은 그 치열함을 알아주지 않았다. 합격 조회창은 언제나 차갑고 무표정했다. 버튼을 누를 때마다 가슴이 내려앉았고, 손끝은 점점 굳어갔다. '불합격.' 그 세 글자는 매번 같은 자리로 나를 끌어내렸다. 얼마나 많이 봐도 익숙해지지 않는 낙인이었고, 내가 잘못된 방향을 향해 달려온 사람인 것처럼 느끼게 했다. 그 단어를 볼 때마다 세상은 내게 이렇게 말하는 듯했다. '너는 아직 아니다.' '너는 여기에 설 자리가 없다.'

그리고 나는 점점 더 작아지고, 더 흐릿해지고, 더 모서리가 닳아 없어지는 사람처럼 느껴졌다. 결국 합격증 하나 없이 수험생활을 끝내던 날, 나는 대학 생활 4년간 허공에 선만 그으며 달려온 사람처럼 보였다. 겉으로 보기에는 성실했고, 꾸준했고, 누구보다 노력했다. 하지만 결과만 놓고 보면 나는 아무것도 이뤄내지 못한 실패자에 가까웠다. 찰나의 순간, 나는 꿈도 없고 미래도 없고 방향도 없는 어정쩡한 '졸업 유예자'가 되어 있었다. 손에 남은 건 종이 한 장보다 가벼운 공백뿐이었다.

그 공백 위로 현실은 잔인할 만큼 정확하게 내려앉았다. 친구들의 대기업 합격 소식은 멀리서 들리는 승전가처럼 들렸다. 나는 웃으며 축하한다고 말했지만, 그 말이 입 밖으로 나오는 순간 나만 멀리 뒤처지고 있다는 사실이 더 선명해졌다. 그들은 날마다 더 높은 곳으로 올라가고 있었지만, 나는 그 자리에 그대로 박힌 사람처럼 움직이지 못했다. 공부도 없고, 일도 없고, 미래도 막혀 있던 그 시절. 하루 24시간은 기회가 아니라 고문처럼 느껴졌다. 아무것도 하지 않는 시간은 분침이 한 칸 움직일 때마다 더 조여왔고, 나는 점점 더 작아지고 흐릿한 존재로 변해갔다.

나는 어느 순간, 스스로에게 묻기 시작했다. '나는 지금 무엇을 하고 있는 걸까.' '과연 다시 일어설 수 있을까.' 그 질문들은 매일 새벽마다 나를 흔들었다.

그러나 더욱 치명적인 건 따로 있었다. 바로 자존심이었다. 나는 '그럴싸한 회사'에서 일하고 있는 친구들 사이에 이름 없는 작은 회사 직원을 끼워 넣고 싶어 하지 않았다. 그 틈에 서 있는 내 모습을 상상하는 것만으로도 마음이 일그러졌다. 돌아보면, 그간의 시간들을 버틸 수 있었던 이유는 결국 '좋은 회사에 들어가기 위해서'였다. 선망의 눈빛이 쏟아지는 회사 이름 옆에 내 이름이 적힌 명함. 그 명함이 주는 환상이 나를 오랫동안 중독시켰다. 남들의 시선 속에서 그럴싸한 사람으로 보이는 것. 그게 전부라고 믿었다.

하지만 현실의 벽은 생각보다 훨씬 단단했다. 공개 채용을 뚫을 실력도, 운도, 자신감도 없던 20대 중반의 나는 점점 더 작아졌다. 그 벽을 마주할 때마다 세상은 내게 잣대를 들이밀었다. "너는 여기까지다." "네가 갈 수 있는 곳은 이 정도다." 그 잣대는 너무 날카롭고 차가웠다.

그러던 어느 순간, 아주 깊고 선명하게 스스로에게 말했다. '정신 차려, 이 각박한 세상에서.' 여기서 무너지면 정말 끝이라고.

그 말을 스스로에게 던진 뒤에서야 비로소 나는 현실을 냉정하게 바라보기 시작했다. 그리고 생존할 방법을 찾았다. '그럴싸한 회사 이름'만큼은 어떻게든 붙잡아야 했다. 그게 당시의 나에게는 삶의 전부였기 때문이다. 그래서 내가 선택한 건 대기업 파견직이었다. 회사를 선택하는 자리가 아니라, '간판'을 선택하는 자리였다. 전공 무관, 경력 무관의 단순 어시스트 포지션.

특별할 것 없는 자리였지만, 그곳에서 나는 처음으로 '합격'이라는 두 글자를 받았다. 그 순간은 기적 같았다. 나는 비로소 사회라는 거대한 문틈을 아주 조심스럽게 비집고 들어가는 기분이었다. 첫 월급 160만 원. 법적으로 보장된 가장 낮은 임금이었지만, 내 마음은 이상할 정도로 벅찼다. 일을 해서 기쁜 게 아니었다. 누군가 "어디 회사 다녀요?"라고 물었을 때, 회사 이름을 당당하게 말할 수 있다는 사실이 좋았다. 파견직이라는 사실만 감추면 나는 그럴싸한 회사의 직원으로 완벽히 보였다.

사원증을 목에 걸고, 누구나 열 수 없는 게이트를 통과할 때마다 나는 조금 더 괜찮은 사람이 된 것만 같았다. 회사 1층 카페에서 사원증을 보여주며 커피를 받을 때, 그 작은 행위조차 나를 살아 있게 만들었다. 세상이 나를 인정해준 것 같은 착각마저 들었다. 하지만 나는 알고 있었다. 이건 오래 갈 수 없다는 것을.

내가 원하는 건 '그럴싸한 간판'이 아니라, 그곳에서 진짜 자리를 갖는 '정규직'이었다. 그러나 회사 내부에는 보이지 않는 벽이 있었다. 정규직과 계약직의 점심은 자연스럽게 나뉘었고, 중요한 회의에는 이름조차 올릴 수 없었다. 그 벽 앞에서 나는 또다시 차갑고 명확한 현실을 확인했다. 계약이 끝나는 순간 나는 다시 '아무것도 아닌 사람'으로 돌아갈 것이다.

그래서 나는 결심했다. 지금 당장 벗어나야 한다고. 정신 똑바로 차려야 한다고. 그때부터 나는 생존 전략을 세웠다. 이 각박한 세상에서 내가 '그럴싸한 사람'으로 살아남기 위한 전략이었다. 대기업 정규직이 되는 법은 단순했다. 남들보다 잘해야 했다. 그리고 그 간단한 문장을 현실로 만들기 위해 나는 남들이 하지 않는 일을 먼저 찾아 했다. 요구되지 않은 업무까지 자처했고, 그 과정을 하나씩 포트폴리오에 쌓아갔다.

그 시간 동안 나는 정말 미친 듯이 일했다. 몸이 부서질 것 같은 날에도, 마음이 찢어질 것 같은 날에도, 나는 포기하지 않았다. 그리고 놀랍게도 그 전략은 효과가 있었다. 함께 일하던 기업들에서 채용 제안이 들어오기 시작했고, 지원했던 기업들에서도 서류 합격 소식이 이어졌다. 나는 서류 합격, 인성 검사, AI 면접, PT 면접, 직무 면접까지 통과하며 최종 관문인 인턴십으로 향했다.

인턴십 첫날. 낯선 회의실에서 같은 사업부 인턴과 마주한 순간, 잊고 있던 생존 본능이 되살아났다. 그리고 들려온 한 문장. "너희 둘 중 하나만 붙는다." 그 말은 은근한 미소 뒤에 숨겨진 잔혹한 선언이었다. 누군가를 밟아야 내가 살아남는다는 말. 서로를 응원하는 척 웃고 있지만, 속으로는 실수를 기다리는 모순된 감정의 카드를 받은 순간이었다.

4주라는 짧지만 잔혹한 시간 동안, 우리는 서로를 견제하는 동시에 웃어야 했다. 준비하지 않은 척, 아무것도 모르는 척, 서로를 안심시키는 척. 겉과 속이 따로 노는 날들이 이어졌다. 집에 돌아와 샤워를 하다 보면 거울 속 내 얼굴이 낯설게 느껴졌다. '나는 왜 이렇게까지 해야 하지?' 질문이 목울대를 타고 올라오면, 곧바로 '그래도 살아남아야지'라는 말이 그 질문을 덮었다. 누군가를 밟아야 살아남는 구조를 욕하면서도, 가장 깊이 몰입해 있는 사람이 바로 나라는 사실이 섬뜩했다.

모든 순간이 신경전이었다. 나는 마지막 기회를 붙잡기 위해 전 직장 인맥까지 총동원했다. 회사 내부 정보, 사업 방향, 평가 기준, 담당 임원의 성향까지 모아 프로젝트에 녹여냈다. 누가 봐도 과했다. 하지만 나에게는 절박함이 있었다. 이번에는 반드시 살아남아야 했다.

그러던 어느 날. 최종 프로젝트 직전의 중간 점검에서 예상치 못한 일이 벌어졌다. 서로 하지 말자고 약속했던 내용이 상대방의 자료에 들어가 있었던 것이다. 뒤통수를 맞은 기분이었다. 하지만 놀라운 건 그 프로젝트가 팀장에게 혹평을 받았다는 사실이다. 기획 방향 전체를 갈아엎으라는 지시까지 떨어졌다. 경쟁자는 시간이 없다며 무리하게 그대로 진행할 수밖에 없다고 했다. 그때 나는 아주 선명하게 알았다. 이번 경쟁에서 내가 이길 거라는 걸.

최종 프로젝트 발표 날, 대회의실 한가운데에서 떨리는 목소리로 내 결과물을 발표했다. 발표가 끝난 뒤, 우연처럼 나는 높은 임원 옆자리에 앉게 되었고 그에게 내 긴장과 두려움을 솔직하게 털어놨다. 그 임원은 내 이야기 끝까지 들어줬고, 짧은 위로 한마디를 건넸다. 그 순간, 나는 묘한 감정을 느꼈다. 마치 내가 '이 회사의 사람'이 된 듯한 착각. 그 착각이 나를 더 강하게 만들었다.

최종 발표와 면접이 끝나고, 결과를 기다리는 일주일은 끝이 보이지 않는 지옥 같았다. 그러나 마침내 화면 속에서 두 글자가 나타났다. '합격.' 순간 나는 세상을 통째로 얻은 것 같았다. 이 잔혹한 게임에서 마침내 승리했다고 믿었다.

함께했던 인턴의 눈물도, 함께했던 시간도, 그 순간에는 모두 흐릿해졌다. 내 마음은 단 하나의 감정으로 가득했다. 나는 살아남았다.

이 각박한 세상에서, 나는 결국 이겼다. 합격 후 이어진 신입사원 교육, 오리엔테이션, 인수인계 과정은 모두 나에게 황홀한 시간이었다. 내 인생에서 처음으로, 내가 계획한 대로 일이 흐르고 있다는 확신이 들었다. 그럴싸한 타이틀을 손에 쥔 나는 마침내 '괜찮은 어른'이 된 것 같았다.

나는 친구들에게 합격 소식을 자랑했고, 예전처럼 회사 이름과 연봉으로 세상에 점수를 매기기 시작했다. 누군가에게 조언도 했다. 어떻게 하면 '그럴싸한 일자리'를 얻을 수 있는지, 어떻게 하면 '괜찮아 보이는 삶'을 만들 수 있는지. 스스로에게 완전히 도취된 사람처럼 말했다. 하지만 그때의 나는 아직 몰랐다. 진짜 각박함은 이제부터 시작이었다는 걸. 진짜 정신 차려야 할 순간은 오히려 앞으로 더 자주, 더 깊게 찾아올 것이란 걸. 그리고 그 마음이 결국 나를 또 다른 지옥으로 데려갈 것이라는 사실을. 나는 그때 전혀 알지 못했다.

어떤 서른이
멋진 서른인데?

　서른. 그 나이를 떠올리면 나는 언제나 같은 장면부터 그랬다. 해가 비스듬히 기울어 아직 따뜻함이 남아 있는 아침, 유리창이 반짝이는 강남의 신축 빌딩들 사이로 또각또각 구두 소리가 길게 흩어지는 풍경. 손에는 갓 추출해 김이 모락모락 나는 스타벅스 커피가 들려 있고, 건물 사이로 스며드는 바람은 마치 오래전부터 나를 지켜봐 온 사람처럼 셔츠의 매무새를 조심스레 정리해주었다. 그 순간의 나는 세상이 내 앞길을 부드럽게 열어주며 "드디어 네 차례야"라고 속삭여주는 것만 같았다.

그렇게 나는 서른이 되면 당연히 이런 어른이 될 것이라고 믿었다. 내 상상 속의 서른은 늘 대기업 사원증을 목에 건 사람이었다. 사원증 하나가 마치 나라는 사람의 무게와 가치를 보증하는 증명서처럼 반짝였고, 그 반짝임이 나를 조금 더 단단하고 괜찮은 사람으로 만들어주는 것처럼 느껴졌다. 아침 회의실에서는 커피잔을 들고 스크린 앞에 서서 침착하게 발표를 이어갔고, 누군가의 질문에도 미소를 잃지 않은 채 자연스럽게 해결책을 제시하는 사람. 팀원들은 내 말을 받아 적느라 바빴고, 팀장은 내 설명 중간마다 "좋아요"라고 말하며 내 어깨를 가볍게 두드렸다.

그 장면들은 마치 오래전부터 나를 위해 준비된 영화의 세트장 같았고, 나는 그 영화의 주인공이 되어 조명을 한 몸에 받고 있었다. 데스크 위에는 흐트러진 적 없는 노트와 금속 펜이 가지런히 놓여 있었고, 듀얼 모니터에는 내가 만든 보고서가 선명하게 빛났다. 메일함에는 "수고하셨습니다"라는 회신이 차곡차곡 쌓였고, 그 문장 하나하나가 나의 하루를, 가치를, 존재를 확인해주는 도장처럼 박혀왔다. 나는 바쁜 일이 능력의 증거라고 믿었고, 칭찬이 존재 이유라고 착각했으며, 어느샌가 그런 나 자신에게도 익숙해졌다. 반짝이고 흐트러짐 없이 완벽한 모습, 누구에게 보여주어도 괜찮은 모습, 그것이 내가 오랫동안 마음속으로 그려온 '서른의 초상화'였다.

하지만 서른을 코앞에 둔 나는 그 그림의 어디와도 닮아 있지 않았다. 입사한 지 얼마 되지 않은 신입사원의 실수들로 하루가 잔뜩 채워졌고, 작은 실수 하나에도 숨이 턱 막힐 만큼 조심스러웠다. 어떻게 하면 오늘 덜 혼날까, 어떻게 하면 조금이라도 빨리 퇴근할 수 있을까를 고민하며 버티는 사람이었다. 월급은 통장을 스치듯 사라졌고, 집 한 채 마련하는 데 얼마나 걸릴지 계산해본 순간마다 막막함이 가슴을 눌렀다. 복사기 앞뒷면을 헷갈리고, 보고서 한 줄을 놓고 몇 시간을 붙잡던 나. 꿈꾸던 서른의 나와 현실의 나는 서로를 전혀 모르는 두 사람처럼 멀리 떨어져 있었다.

내 기억 속 서른의 엄마와 아빠는 이미 완벽한 어른이었다. 두 아이를 키우고 네 가족이 살 수 있는 집을 마련했으며, 그럴싸한 직장과 직책이 있었다. 나는 그런 모습을 아무렇지 않게 받아들이며 자랐고, 세상의 모든 어른이 원래 그렇게 살아간다고 생각했다. 당연히 서른이 되면 나도 부모님처럼 어른이 될 거라고, 자연스럽게 어른의 자리에 올라갈 거라고 믿었다. 하지만 서른을 앞둔 나는 알았다. 내가 보아온 부모님의 모습은 현실이라기보다 어린아이의 눈에 비친 '어른의 환영'이었다는 것을. 나는 그 환영을 진짜라고 믿으며 살아왔다.

어릴 적부터 나는 공부를 잘해서 좋은 대학에 가고 좋은 직장에 들어가면 그걸로 성공이 완성된다고 믿었다. 사회는 늘 그렇게 말했고, 어른들은 그 도식을 너무 자연스럽게 우리에게 건넸다. 하지만 세상은 그 믿음이 오래되지 못할 신화였다는 사실을 조용히 드러내고 있었다. 인생을 갈라놓을 것만 같았던 대학의 이름은 현실에서 그다지 큰 힘을 쓰지 못했고, 대기업 명함이 주는 안정감은 상사의 기분과 거래처의 요구 앞에서 얼마나 쉽게 흔들리는 것인지 알게 되었다. 나는 상상 속의 커리어우먼과는 전혀 다른 방식으로 사회생활을 하고 있었다. 더 촘촘하고 피곤하며 인간적인 단면들 속에서.

게다가 세상은 내가 익숙했던 속도보다 훨씬 빠르게 변

하고 있었다. 공부를 잘하지 않아도, 이름 있는 대학을 나오지 않아도 성공하는 사람들이 쏟아져 나왔고, 명품으로 치장한 젊은 부자들이 유튜브와 인스타그램을 채웠다. 그들은 내 상상 속 대기업보다 훨씬 큰 목소리와 영향력을 가지고 있었고, 오히려 더 빛나며 자연스럽게 사랑받는 사람들처럼 보였다. 나는 그들을 바라보며 내가 철저히 믿어왔던 성공의 방정식이 어딘가 잘못되었다는 것을 느낄 수밖에 없었다.

그렇다면 누가 정말 '멋진 서른'일까. 내가 그토록 신뢰해 온 커리어우먼의 서른인가, 부모님이 몸담았던 책임의 서른인가, 아니면 화면 속에서 반짝이는 자유롭고 풍요로운 서른인가. 기준은 흐릿해졌고 정답이라고 믿었던 모든 것들에는 금이 가고 있었다. 학창 시절 '대학이 전부'라고 외치던 목소리들은 어느새 모두 사라졌고, 대신 "앞으로는 이게 중요하다"는 새로운 기준들이 쏟아졌다. 나는 내가 믿어온 세계가 조용히 흔들리는 소리를 들었다. 하지만 그 흔들림 앞에서 어떻게 서 있어야 하는지 나는 몰랐다.

사람은 자신의 세계가 무너진다는 사실을 쉽게 인정하지

못한다. 그래서 나는 오히려 더 세게, 더 집요하게 믿었다. 내가 선택한 길이 정답이라고, 성공의 길이라고, 멋진 서른으로 가는 길이라고. 믿음이 흔들릴수록 더욱더 그 믿음에 매달렸다. 그리고 그 믿음을 지지할 증거들을 찾아 헤맸다. 대한민국 2030의 평균 연봉표, 평균 자산 통계, 백수 브이로그, 수험생 브이로그들을 보며 "그래도 저 사람들보다는 대기업 다니는 내가 낫지."라고 스스로를 위로했다. 그렇게 나는 내가 만든 '성공 프레임'이라는 좁은 상자 속으로 더 깊숙이 몸을 밀어 넣고 있었다.

나는 사원증의 잉크도 마르기 전에 더 높은 연봉, 더 좋은 복지, 더 큰 기업을 향해 이력서를 냈다. 면접을 보고 또 보고, 누구보다 빠르게, 누구보다 먼저, 남들보다 앞서야만 내가 꿈꾸던 서른에 도달할 수 있다고 믿었다. 내가 정의한 세계에서 멋진 서른이 되기 위해서는 누구나 아는 기업의 명함을 들고 있어야 했고, 남들보다 좋은 집에 살고 비싼 물건을 사야 했다. 그래야만 '괜찮은 어른'이라는 이름을 달 수 있다고 굳게 믿었다. 나는 그 믿음에 사로잡힌 채 그 기준에 목을 매고 있으면서도, 그것이야말로 나를 살릴 밧줄이라고 착각했다.

그래서 또다시 더 큰 기업으로의 이직을 준비했다. 주변 사람들의 도움을 받아 마침내 꿈꾸던 기업의 문 앞에 섰지만, 그 문은 내게 너그럽지 않았다. 경력은 부족했고 실력은 미숙했으며 나는 준비되지 않은 사람이었다. 면접장에서 느껴지는 미묘한 시선 하나에도 마음이 움츠러들었고, 내 부족함이 고스란히 드러나는 듯한 느낌이 나를 흔들었다. 나는 그토록 원하던 기회 앞에서조차 작아지고 있었다. 그때 나는 처음으로 깨달았다. 내가 붙들고 있던 '성공 프레임'은 나를 더 멀리 데려다주는 사다리가 아니라 오히려 나를 가두는 벽이었다는 것을.

그 무렵 같은 날 입사한 친한 동기가 있었다. 그는 호텔 관광을 전공했지만 코로나라는 상황 속에서 원하는 업계에 들어가지 못해 우리 회사에 왔다. 그는 자신의 자리를 감사하게 여겼고, 내가 이직을 외칠 때마다 "나는 당분간 여기에 있을 거야"라고 말하곤 했다. 그런 그의 안정감이 나에겐 낯설었고 이해되지 않았다.

그런데 어느 날, 그가 나보다 훨씬 빠르게 자신이 꿈꾸던 관광 대기업으로 이직했다. 내가 수없이 문을 두드렸던 자리였는데, 그는 어느새 그 문을 자연스럽게 열고 들어가 있었다. 그 소식을 들었을 때 나는 웃고 싶었지만 웃음이 잘 나오지 않았다. 마음 한편에서 복잡한 감정이 한꺼번에 밀려왔다. 축하하는 마음과 함께 찾아온 초조함, 나만 제자리에서 허우적거리는 듯한 불안, 그리고 설명하기 어려운 열패감. 그 감정들이 뒤엉켜 목을 조여오는 기분이었다.

그를 향한 진심 어린 축하보다 먼저 떠오른 감정이 '뒤처졌다'는 감각이었다는 사실이 스스로에게도 서늘하게 느껴졌다. 그 순간 나는 깨끗하게 인정해야 했다. 남의 좋은 소식에 배가 아픈 이 감정은 단순한 질투가 아니었다. 내가 세워놓은 '성공의 기준' 안에서만 비교하던 내가, 나와 같은 출발선에 있던 사람이 먼저 그 기준을 통과해버렸다는 사실에 흔들린 것이었다.

그는 나를 이긴 것도 누른 것도 아니었는데, 나는 마치 경쟁에서 밀린 사람처럼 작아지고 있었다. 그를 축하하지 못하는 나 자신을 보며 내가 얼마나 좁고 단단한 프레임 안에서 세상을 바라보고 있었는지 비로소 깨달았다. 그제야 선명해졌다. 내가 꿈꾸던 '멋진 서른'은 사실 나의 것이 아니었다. 남의 기준을 조합해 만든, 남에게 보여주기 위한 서른이었다. 남의 행복과 성공을 부러워하며 복제해낸 이미지였고, 그 이미지를 따라잡기 위해 나는 끊임없이 나를 몰아붙였다. 내가 원했던 것은 살아 있는 삶이 아니라, 누군가에게 "괜찮아 보이는 삶"이었다.

그 삶을 감싸고 있던 프레임이야말로 내가 가장 집착했고 동시에 나를 가장 아프게 했던 감옥이었다. 남보다 한발 앞서지 못하면 무너지고, 남이 먼저 문을 통과하면 흔들리고, 남의 웃음소리가 들릴 때마다 나의 자리가 좁아지는 것 같은 기분이 들던 그 모든 순간. 그 틀을 붙들었던 건 세상이 아니라 바로 나였다.

하지만 나는 그 프레임을 미워하면서도 완전히 놓아버릴 용기가 없었다. 오래도록 비교 속에서 살아온 사람에게 인정과 칭찬은 일종의 숨 같은 것이었고, 누군가의 기준 밖으로 벗어나는 일은 마치 그 숨을 스스로 끊어내는 일처럼 두려웠다. 틀 안에서의 삶이 답답하다는 걸 알면서도 틀 밖의 나는 어떤 모습일지 상상조차 되지 않았다. 그래서 나는 이상하리만큼 그 감옥을 붙들었고, 그 감옥이 나를 잡아두는 만큼 나도 그 감옥을 붙잡고 있었다. 벗어나고 싶다고 말하면서도 한 발짝도 움직이지 못한 채 그 안에서 더 반듯해 보이려 애쓰고 있었다.

그렇게 나는 겉으로는 점점 멀쩡해지고 사람들이 보기에는 안정된 미래로 나아가는 것처럼 보였지만, 정작 그 겉모습을 유지하기 위해 더 많은 힘을 써야 했다. 마음은 비어가는데도 티가 나지 않도록 더 바쁘게 움직였고, 더 괜찮아 보이기 위해 더 좋은 것들을 찾아 나섰다. 새로운 직장, 더 좋은 조건, 반듯한 집, 그럴싸한 소비들로 나를 덧칠할수록 잠시나마 공허함이 가려지는 듯했지만 시간이 지나면 다시 제자리로 돌아왔다. 그런데도 나는 그 공허함이 무엇인지 마주할 용기가 없었다. 그래서 더 그럴싸해 보이는 방향으로만 계속 달렸다. 그렇게 외형은 점점 단단해졌지만 그 아래에 있는 나는 점점 묽어지고 있었다. 그리고 그 공허함 한가운데에서 나는 다시 물었다.

어떤 서른이 멋진 서른이니?

"강남에 살아요."

나는 이 말을 꺼내는 사람들이 유난히 멋져 보였다. 그 말 속에는 단순한 주소 이상의 것이 담겨 있었다. 직업, 수입, 능력, 그리고 그 사람이 살아가는 '등급' 같은 것들이 비싼 보증금과 월세라는 필터를 통과해 증명된 듯 느껴졌기 때문이다. 그래서 나의 다음 계획은 자연스레 그렇게 정해졌다. 남들에게 내세울 만한, 보기 좋은 '그럴싸한 서른'을 위해 나도 강남에 살아보고 싶었다.

나는 취업과 동시에 독립했다. 경기도에서 서울로 출퇴근

하기 힘들다는 말은 사실 핑계에 가까웠다. 솔직히 말하면, 누군가가 "어디 살아?"라고 물었을 때 아무렇지 않게 "서울이요"라고 말하고 싶은 마음이 훨씬 더 컸다. 그 한마디가 나라는 사람을 조금 더 근사하게 만들어줄 것만 같았다.

하지만 사회 초년생이 가진 전 재산 천만 원으로 서울에서 선택할 수 있는 집들은 현실의 민낯을 가감 없이 드러냈다. 사진 속 서울은 화려했지만 내가 발을 딛고 본 서울은 오래된 벽돌 건물과 가파른 언덕, 창문을 열면 바로 이웃집의 삶이 들여다보이는 촘촘한 현실이었다.

나의 첫 자취방의 현실은 그리 멋진 이야기가 아니었다. 대학생과 사회초년생들이 모여 사는 시끄러운 동네, 엘리베이터 없는 언덕배기 4층, 5평 남짓한 방. 집 안에 빨래라도 널면 숨이 턱 막히는 닭장 같은 공간. 창문을 열면 건너편 주택의 고양이가 느긋하게 나를 내려다보고, 저녁 시간이면 배달 오토바이 소리가 벽을 울렸다. 그곳은 내가 꿈꿨던 '서울의 삶'이 아니라, 그냥 현실의 서울이었다.

그럼에도 불구하고, 나는 그 방에 처음 입주했을 때 참 기뻤다. 누가 어디 사냐고 물어보면 이제는 나도 모두가 아는

지명 하나를 말할 수 있게 되었기 때문이다. 본가에 살던 시절, 나는 늘 내가 사는 동네가 어디인지 설명해야 했고, 그 설명이 길어질수록 내 존재가 작아지는 기분이 들곤 했다. "아... 거기가 어디 근처죠?"라는 질문 앞에서 나는 나도 모르게 초라해졌다. 그래서 서울 주소는 작은 명함처럼 나를 조금 더 단단하게 만들어줄 것만 같았다.

하지만 그 '그럴싸함'에는 반드시 지불해야 할 값이 따라붙었다. 주변 사람들은 자연스럽게 말했다. "집 한번 구경 가도 돼?" 그 말이 왜 그렇게 두려웠는지, 지금 생각해도 잘 모르겠다. 아마도 그 초라한 방이 내가 공들여 만든 '그럴싸한 서른의 이미지'를 무너뜨릴까 봐, 애써 쌓아온 허세의 벽이 손쉽게 무너질까 봐 두려웠던 것 같다. 제대로 된 식탁 하나, 의자 하나 없는 집에 누군가 발을 들이는 순간, 내가 꾸며놓은 삶의 포장지가 너무 쉽게 뜯겨버릴 것 같았다.

그래서 나는 어느 순간 결심했다. 겉만 번지르르하게 꾸며놓은 이 삶, 손톱으로 긁기만 해도 금방 벗겨질 것 같은 얇은 껍데기의 삶을 20대의 방황과 함께 끝내기로. 더 이상 남이 그려준 멋짐의 틀 안에서 허우적대고 싶지 않았다. 강남이라는 장소를 바라보기만 하던 시절에서 벗어나, 기어이 그 안쪽으로 들어가 살겠다고 마음을 다잡았다. 그 결심은 거창하지 않았지만, 오래된 습관처럼 나를 휘감고 있던 열등감들을 천천히 끊어내는 작은 첫 움직임이었다.

그때부터 나는 다음 집 계약이 끝나는 날을 새로운 생일처럼 기다렸다. 그날이 오면 나는 다른 내가 되어 있을 것만 같았다. 하지만 손안에 쥔 저축액을 펼쳐보는 순간, 꿈이라는 단어는 종종 그렇듯이 현실의 두께 앞에서 얇아지곤 했다. 강남은 여전히 멀었고, 나는 또다시 나의 한계를 계산해야 했다. 그러다 문득, 다른 청년들은 어떻게 이 도시의 한복판에 뿌리를 내리고 있는지 궁금해졌다. 혹시 내가 모르는 틈 같은 것이 있을까, 문틈으로 바람이 스며들듯 어딘가에 나도 들어갈 수 있는 길이 있을까.

그렇게 발견한 단어가 있었다. 청년주택. 마치 지하철에서 귓가에 스치고 지나간 낯선 단어를 뒤늦게 붙잡아 되새기듯, 나는 그 단어를 끝없이 검색했다. 소득 조건도 없고, 신용 등급도 중요하지 않고, 그저 운이라는 이름의 희미하고도 잔혹한 가능성에 기대어 당첨될 수 있다는 사실을 알게 되었을 때, 나는 이상하게도 숨이 깊어졌다. 그래서 그 이후의 나는 거의 종교인처럼 매일 아침 청약 사이트를 열었다. 공지사항을 읽고 또 읽으며, 지원 가능한 서울의 집이라면 위치와 구조를 가리지 않고 서류를 제출했다. 때로는 내 정보가 사이트 속을 떠돌다 흩어져 버릴 것만 같은 기분이 들 정도로 무수히 많은 지원서를 냈지만, 돌아오는 건 그저 한 줄의 문장이었다. 탈락.

기존 집의 계약이 6개월 남았을 때, 초조함은 조용히 자라나 발밑을 잠식하기 시작했다. 시간이 내 편이 아니라는 사실 앞에서 나는 다시 흔들렸다. 이러다 정말 서른을 앞두고 또다시 초라한 방에 몸을 구겨 넣어야 하는 걸까. 뒷골목의 어두운 창문에서 새어 들어오던 불안이 다시 나를 찾아온 듯했다. 남들보다 못난 삶을 이어가야 하는 것 아닌가 하는 질문은 어느 날은 바늘처럼, 어느 날은 덩어리처럼 마음을 찔렀다.

그러던 어느 날이었다. 회사 근처, 도시의 중심에서 반짝이듯 떠오르는 하나의 집이 눈에 들어왔다. 신축. 호텔처럼 반듯한 로비. 깨끗하게 반사되는 유리. 마치 내가 오래전부터 잃어버린 꿈의 한 조각이 갑자기 눈앞에 나타난 듯했다. 그 집의 청약 공고가 뜨는 순간, 나는 숨을 들이켰다. 그리고 이상할 만큼 간절해졌다. 신청 기간이 되기도 전에, 나는 집착적으로 유튜브를 찾아 헤맸다. 청약 전문가들의 분석을 밤마다 보았고, 타입별 구조를 외우다시피 기억했다. 어느 버튼을 언제 눌러야 당첨 확률이 조금이라도 올라갈지, 마치 운명을 설계하려는 사람처럼 기록했다. 내가 바랄 수 있는 방법이라고는 그것뿐이었다.

그러나 숫자는 냉정했다. 경쟁률 106:1. 그 많은 사람들 중, 나는 또다시 이름을 올리지 못했다. 그날의 실패는 이전과 조금 달랐다. 체념이 아니라, 마치 문 앞에서 손을 뻗었는데 손잡이가 사라져버린 것 같은 허무함이 남았다. 그럼에도 마음은 기이하게 집착을 놓지 못했다. 추가 당첨 전화를 받았다는 사람들의 후기를 찾아 헤매고, 새벽에도 청약 사이트를 열어 '지원하기' 버튼을 눌러보았다. 눌리지 않는 버튼을 바라보며 스스로를 다독이는 일이 습관처럼 굳어갔다. 그렇게 나는 세 달을 버텼다. 집착과 희망이 얼룩처럼 섞인 시간이었다.

마을버스 창밖으로 보이던 그 건물은 점점 더 완성되어 갔다. 유리창 위로 흐르는 빛의 조각들은 마치 나를 조용히 유혹하는 것처럼 보였다. '너는 아직 여기에 오지 못했다'고 말하는 듯했고, 동시에 '조금만 더 기다리면 될지도 모른다'고 속삭이는 듯했다. 결국 나는 마지막 밧줄이라 생각하며, 건물주에게 닿을 방법을 찾기 시작했다. 그리고 우연처럼 보이지만 지금 생각하면 운명에 가까운 순간, 담당자의 카카오톡 채널을 발견했다. 출근길 버스에서 떨리는 손으로 메시지를 보냈다. 그 순간의 심장은 오래된 발화 장치처럼 불규칙하게 뛰었다.

파기된 계약은 없는지, 추가 모집은 예정되어 있는지, 선착순인지 추첨인지, 내가 어떤 자세로 기다려야 하는지. 묻고 싶은 말을 쏟아냈다. 담당자는 조심스럽게 물었다. "기존에 지원하셨다가 떨어지신 건가요?" 나는 그 말 앞에서 잠시 멈췄다가, 솔직하게 그렇다고 답했다. 그러자 예상치 못한 문장이 돌아왔다. 추가 지원 일정이 곧 열릴 것이라는 이야기. 놓치지 말라는 조언.

그리고 정말로, 건물 완공을 한 달 앞둔 어느 날, 나는 누군가가 포기하고 떠난 자리를 대신 채우게 되었다. 그토록 오랫동안 문 앞에서 맴돌기만 했던 나는 마침내 그 문 안으로 들어갈 수 있게 되었다. 당첨이라는 말 한마디가 내게는 공부도, 스펙도, 능력도 증명하지 못했던 무언가를 대신 증명해주는 것만 같았다. 그렇게 나는 집착과 기대, 좌절과 희망이 뒤엉켜 있던 지난날들을 통과해 마침내 무너졌던 그럴싸한 세계의 조각 하나를 손에 넣은 듯했다. 나는 이제, 꿈꾸던 '그럴싸한 서른'을 준비해낸 사람이라고, 그렇게 믿고 싶었다.

새로운 집은 내가 상상했던 세계의 모양을 그대로 닮아 있었다. 깨끗하게 마감된 건식 화장실, 아침이면 유리 한 면 가득 햇빛을 들여보내는 통창, 내 이름을 부르듯 조용히 멈춰 서 있는 엘리베이터. 손끝의 지문 하나로 열리는 현관문, 늘 자리를 지키고 있는 인포메이션 데스크의 직원, 복도마다 시선을 따라붙는 보안 카메라, 지하에 숨어 있는 헬스장과 빨래방. 1층의 편의점과 카페, 지하철역까지 도보 3분, 회사까지는 버스로 10분. 이 모든 조건이 마치 나에게 "너, 이제 좀 괜찮아 보인다"고 속삭이는 듯했다. 나는 그 속삭임을 기꺼이 믿어주었다. 스스로가 뭐라도 된 것 같은 묘한 자신 감이 어깨에 가볍게 얹혔다.

집을 채워가는 과정은 오래 묵혀두었던 꿈에 천천히 숨을 불어넣는 일과도 같았다. 새 가구들을 들이고, 조명과 커튼을 고르며, 나는 그럴싸한 2030들의 로망 속 장면을 내 방 한가운데로 옮겨오는 기분이었다. 따뜻한 원목의 질감, 조용히 퍼지는 조명, 벽에 비스듬히 기대놓은 액자 하나까지 완벽하게 균형을 이루었다. 주택에서 열린 작은 인테리어 대회에서 우승할 만큼, 그 공간은 보기만 해도 감탄이 새어 나오는 '그럴싸한 집'이 되었다.

그리고 어느 순간, 나는 깨달았다. 나는 이제 주변 사람들의 부러움을 한껏 받는 사람이 되어 있었다. 그들의 시선 속에서 나는 충분히 그럴싸한 서른을 살고 있는 듯 보였다. 그 사실을 천천히 곱씹으며, 나는 이사한 밤 창문 앞으로 걸어 갔다. 불이 하나둘 꺼져가는 도시를 향해 조용히 커튼을 열었다.

그 순간, 믿기지 않는 감정이 쓰나미처럼 밀려왔다. 어두운 도시 위로 반짝이며 퍼지는 야경의 불빛을 바라보다가,

나는 이유도 모른 채 갑자기 눈물을 흘렸다. 어쩌면 도시가 빛나고 있어서가 아니라, 그 불빛 아래에서 버텨온 지난 시간들이 한꺼번에 나를 덮쳐왔기 때문일 것이다.

여기에 입주하기까지 나는 얼마나 많은 패배를 겪었는지, 얼마나 번번이 문 밖에서 미끄러졌는지가 주마등처럼 스쳤다. 목련반에서 밤을 새워가며 버텼던 시절, 누구는 합격 소식을 올리고 나는 조용히 탈락 메일을 지워버리던 날들. 대기업 이직 소식을 듣고 환하게 웃던 동기들 옆에서 괜찮은 척 고개를 끄덕이며 속으로 천천히 꺼져가던 자신감. 남의 행복이 마치 내 마음을 쿡 찌르는 바늘 같았던 시절이 있었다.

돈을 모으겠다는 목표 하나로 때로는 자존심을 꺾어야 했고, 때로는 스스로 초라해지는 선택도 해야 했다. SNS에는 모두가 예쁜 집에서 커피를 마시고, 감성적인 조명을 켜놓고 찍은 사진들이 올라오는데, 나는 언덕배기 4층의, 다리를 쭉 뻗기도 어려운 5평 남짓한 방에서 빨래를 널면 움직일 자리조차 없던 그 현실을 조용히 숨기며 살았다. 창문을 열면 바로 앞집 고양이가 나를 내려다보던 그 풍경이, 때로는 나의 부족함을 들춰내는 것만 같았다. '왜 나만 이렇게 힘들까' 하는 속 깊은 질투와 답답함이 나를 조용히 잠식하던 시절도 있었다.

그날 밤, 야경을 바라보며 나는 마침내 내가 계획해온 서른의 모양에 도달했다는 확신 같은 것을 느꼈다. 그동안 남의 행복을 보며 속이 뒤틀리던 마음은 어느새 사라지고, 이제는 아래를 내려다보며 누군가의 성공을 축하해줄 수 있는 여유가 생긴 듯했다. 부러움이 아니라 여유, 열등감이 아니라 우월함에 가까운 감정이었다.

도시의 불빛들은 마치 나만을 위해 반짝이는 것처럼 보였고, 그 속에서 나는 처음으로 남들이 바라보던 '그럴싸한 서른'의 자리에 서 있는 나를 발견했다. 오랫동안 동경만 하던 세계의 중심에, 드디어 내가 들어와 앉은 것만 같은 밤이었다. 그렇게 남의 행복에 배가 아프던 나는, 어느새 누군가의 마음을 은근히 뒤틀리게 할 수도 있는 자리에 서 있었다. 모든 것이 그럴싸해졌다.

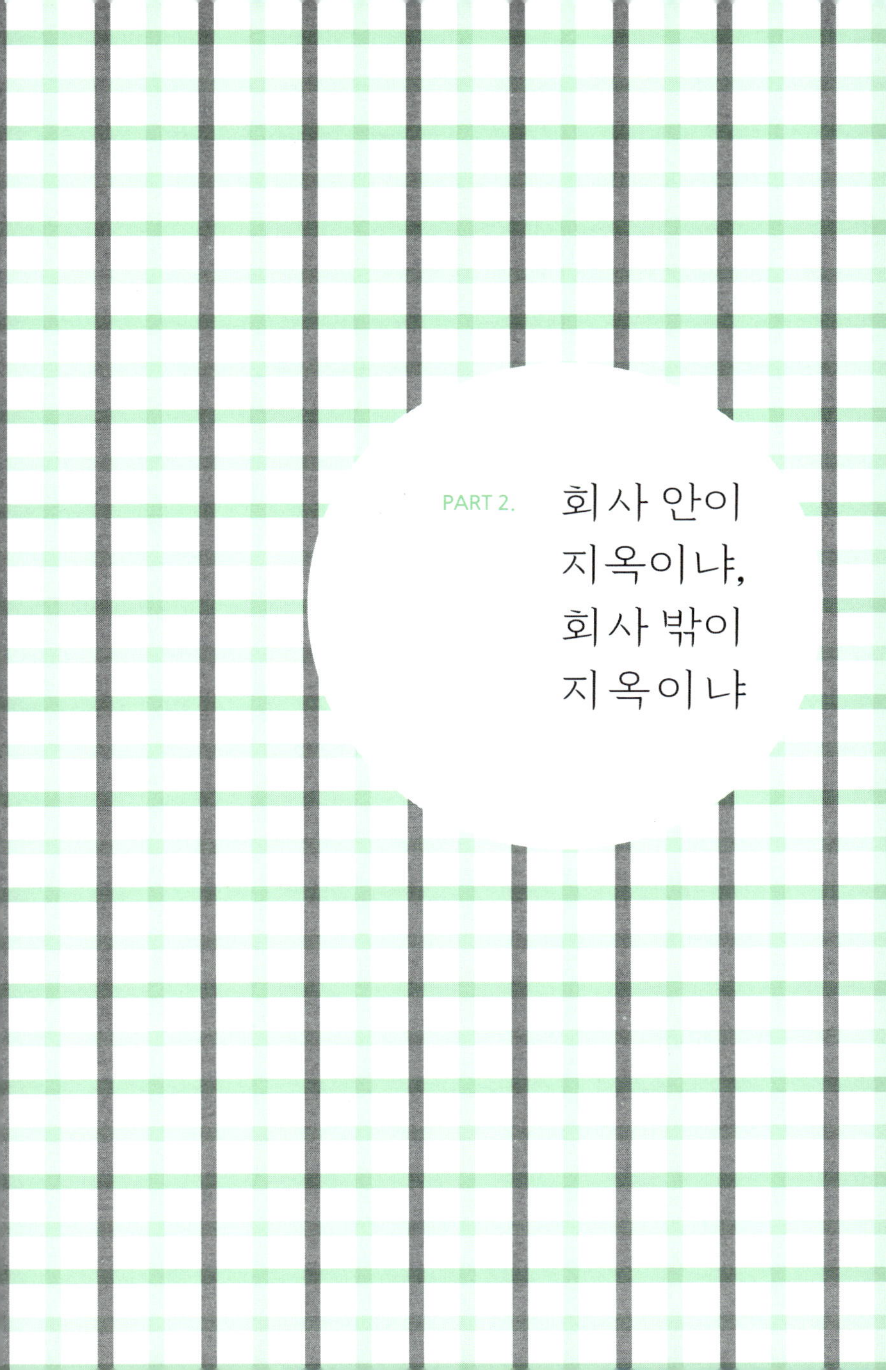

PART 2.

회사 안이
지옥이냐,
회사 밖이
지옥이냐

세상은 결국 성실한 사람의 손을 들어준다고 나는 믿었다. 남들보다 조금 더 일찍 출근하고, 남들보다 조금 더 늦게 퇴근하는 것만으로도 나는 더 나은 사람이 되어가는 줄 알았다. 그렇게 쌓이는 시간이 나를 어딘가로 데려다줄 것이라, 적어도 '헛되게' 만들지는 않을 것이라 굳게 믿어왔다.

그래서 회사에서도 나는 남다른 존재가 되고 싶었다. 영업사원으로서 더 많은 실적을 내고, 더 많은 활동을 하고, 더 많은 아이디어를 내며 매달 발표되는 최우수 직원 명단에 꾸준히 이름을 올렸다. 그 명단이 마치 나의 증명서라도 되는 듯, 나는 회사 게시판에 올라오는 내 이름을 볼 때마다 내가 점점 더 단단해지고 있다고 믿었다. 그리고 그렇게 열심히 했으니, 인사평가도 당연히 나를 배신하지 않을 거라고 생각했다.

그해의 인사평가 결과는 차가운 한 글자였다. B. 내가 온 힘을 다해 매달렸던 노력과 성과들이 고작 그 한 글자 안으로 밀려 들어가 버렸다. 나는 그해 정말 열심히 일했다. 어떻게 하면 더 큰 매출을 낼 수 있을까, 어떻게 하면 기존에 없던 프로젝트를 만들어낼 수 있을까, 퇴근 후에도 업무를 붙잡고 씨름하며 회사가 바라보지 못한 틈을 찾아내고, 그 틈에서 가능성을 기어이 만들었다.

부족한 예산을 탓하기보다 직접 발로 뛰어 예산을 마련했고, 내가 만든 상품들은 베스트 탭에 오르고, 여러 유명 커뮤니티의 인기 글에 등장하며 상상도 못 했던 실적을 경신했다. 회의 시간마다 칭찬이 쏟아졌고, 선배들보다 좋은 실적을 내며 '요즘 가장 잘하는 영업사원'이라는 말을 들을 때면 나는 어느새 회사가 나를 떠올리지 못하면 안 될 것 같은 사람이 되었다고 생각했다.

그래서 더욱 자신 있었다. 내가 제출한 인사평가 근거 자료들은 기준표에 대입하면 S와 A가 줄줄이 나오는 구조였다. 실적도, 성과도 내가 부족한 부분을 찾기 어려울 정도로 꽉 차 있었다. '이번만큼은 누가 봐도 인정할 수밖에 없겠지.' 그렇게 믿었다. 그렇게 믿고 싶었다.

그런데, 결과는 B였다. 그 한 글자는 마치 내 지난 시간을 무심하게 지워버리는 지우개 같았다. 내가 쏟아부은 노력, 야근으로 흐릿해진 시야, 주말마다 작업했던 기획안들, 거래처 앞에서 울컥하는 마음을 삼키며 버텼던 순간들까지. 그 모든 것이 단숨에 '평범한 직원'이라는 이름 아래 뭉그러져 버렸다.

나는 그 등급을 도저히 받아들일 수 없었다. 왜 이런 결과가 나왔는지 따져 묻고 싶은 마음은 목구멍까지 차올랐지만, 정작 나의 등급을 누군가에게 꺼내 보이는 일은 이상하리만큼 부끄럽게 느껴졌다. 마치 나만 모르는 어떤 진실이 이미 회사 안에 퍼져 있는 것 같았고, 나만 뒤늦게 그 사실을 알아버린 것 같은 쓸쓸함이 입 안에 남았다. 그래서 평소 마음을 터놓고 지내던 선배 두 명에게 조심스레 질문을 건넸다.

선배들은 내 고민을 듣고 잠시 나를 바라보더니, 마치 오래전부터 정해진 답을 꺼내는 사람처럼 가볍게 말했다. "그래서 회사에서 너무 열심히 하지 말라는 거야." 그 말은 놀랄 만큼 담담하게 흘러나왔지만, 그 담담함 속에는 묵직한 체념이 섞여 있었다. 마치 회사라는 세계의 숨겨진 지도를 조용히 펼쳐 보이며, 그 위에 적힌 잔혹한 규칙을 아무렇지 않게 읽어 내려주는 사람들 같았다.

팀 내부에서 S와 A를 받을 수 있는 인원은 처음부터 정해져 있었다. 그 자리는 '가장 잘한 사람'이 차지하는 자리가 아니었고, '가장 오래 노력한 사람'에게 돌아가는 자리도 아니었다. 단지 지금 당장 승진해야 하는 사람, 회사가 한 단계 올려야 한다고 판단한 사람에게 주어지는 자리였다. 실적도, 공헌도, 내가 얼마나 버텼는지도 거기서는 변수조차 되지 못했다. 좋은 평가란 실력이 아니라 순번이 결정하는 일이었다.

그해 나는 승진 대상자가 아니었다. 서류와 수치를 아무리 빽빽하게 채워도 나는 그 칸에 들어갈 수 없는 사람이었다. 선배들은 내가 승진할 시기가 되면 자연스레 등급도 올라갈 거라며 걱정하지 말라고 웃어 보였지만, 그 웃음 속에는 '여기서는 원래 그래'라는 체념이 은근하게 깃들어 있었다.

그 말을 들으며 나는 이상하게도 위로보다 더 찬바람 같은 현실을 먼저 느꼈다. 마치 회사라는 건물이 갑자기 다른 색으로 보이기 시작한 것처럼, 내가 믿고 있던 것들이 서서히 형태를 잃고 무너져내리는 소리가 어딘가에서 들려오는 듯했다.

그날 이후로 깨달은 회사라는 공간은 전혀 다른 얼굴을 드러내기 시작했다. 아니, 어쩌면 회사는 처음부터 그런 얼굴을 하고 있었는데, 내가 이제야 그 표정을 읽을 줄 알게 된 것인지도 몰랐다. 이상하게도 내가 더 열심히 할수록 내 몫이 아닌 일들까지 자연스레 내 책상 위로 굴러들어왔다. 누군가가 놓친 업무는 마치 정해진 경로라도 있는 것처럼 나에게 흘러왔고, 갑작스럽게 터진 문제들도 "너라면 해결할 수 있을 것 같아서"라는 말과 함께 조용히 얹혔다. 겉보기엔 신뢰 같았지만, 실은 책임의 전가에 가까운 일이었다.

"네가 하는 게 더 빨라서." "네가 실수가 없으니까."

칭찬처럼 들리는 문장들이 어느 순간 내 등에 올라탄 짐처럼 느껴졌다. 회사는 '능력이 있는 사람'을 좋아하는 것이 아니라, '일을 떠넘길 수 있는 사람'을 선호한다는 사실을 나는 그제야 알아차렸다. 열심히 하는 사람에게 돌아오는 건 성취가 아니라 더 무거운 할당량이었고, 나는 조용히 그 구조 속에서 조금씩 가라앉기 시작했다.

더 난감했던 건, 내가 조금이라도 더 나은 방향을 이야기하려 하면 꼭 누군가의 표정이 먼저 굳어지는 순간이었다. 새로운 시도를 제안하면 "굳이 일을 키우려 하냐"는 시선이 돌아왔고, 프로세스를 개선하자는 말은 "괜히 분위기 흐리지 말라"는 묵묵한 압박으로 되돌아왔다. 회사는 나에게 열심히 하라고 말했지만, 정작 너무 열심히 하는 사람은 불편해했다. 능력보다 조용함이, 성과보다 순응이 더 높은 평가를 받는 기묘한 세계였다.

그곳에서 나는 처음으로 '열심히 하는 것' 자체가 누군가의 불편이 될 수 있다는 사실을 배웠다. 그리고 그 깨달음은 내가 지금까지 붙잡고 있던 신념의 바닥을 서서히 흔들기 시작했다.

그러던 어느 날, 회사 전체 메일함에 눈을 의심할 만한 제목이 떠올랐다. '비상경영'. 단어 하나가 공기 전체를 눅진하게 만들었고, 그 메일이 도착한 지 얼마 지나지 않아 회사 안에서는 더 큰 계열사로의 인수합병이 추진되고 있다는 소문이 빠르게 퍼져나갔다. 소문은 고작 몇 개월 만에 현실이 되었다. 회의를 마친 사업부장님은 우리 모두를 대회의실로 불러 모아 조용히 선언했다. "다음 달부터 우리 회사는 더 큰 다른 계열사에 편입됩니다. 절차는 이미 대부분 마무리되었습니다."

그 말을 들었을 때, 나는 솔직히 행복했다. '더 큰 계열사.' 그 말 한마디만으로도 세상이 갑자기 확 넓어지는 기분이었다. 회사 이름이 바뀌면 내 신용등급도 더 올라갈 것이고, 더 좋은 복지와 더 높은 연봉, 더 나은 환경이 기다리고 있을 것이라 믿었다. 회사의 명함은 앞으로의 내 삶을 조금 더 반듯하게 만들어줄 마법 같은 카드가 될 것 같았다. 나는 그 가능성에 마음이 먼저 들떠 올랐다. 대출 금리도 더 좋아질 것이고, 이직 시장에서도 더 유리한 조건이 따라붙을 거라고 계산하는 나 자신이 우스울 정도로 낙관적이었다. 젊다는 건,

이런 장밋빛 미래를 아무 거리낌 없이 그려보는 특권이기도
했다.

　하지만 같은 말을 들은 과장급 이상의 선배들은 전혀 다
른 표정을 하고 있었다. 누군가는 입술을 깨물고 있었고, 누
군가는 의자를 등 뒤로 기울인 채 말없이 천장을 바라보고
있었다. 회의실을 감싸던 공기는 차갑고 묵직했다. 그들의
얼굴은 내가 미처 보지 못한 세계를 이미 오래전부터 알고
있다는 듯한 침묵을 머금고 있었다. 그 표정을 보고서야 나
는 비로소 깨달았다. 회사에서 '열심히 하면 된다'는 문장은
가장 순진한 오해였다는 사실을. 인수합병이라는 것은, 결국
누군가의 자리가 사라진다는 뜻이었다. 그리고 그 자리는
대부분 오래 버텨온 사람들부터 무너진다는 진실을.

　회사는 놀라울 정도로 냉정했다. 오랜 시간 회사에 몸을
바친 사람일수록 더 먼저 정리 대상이 되었다. 나 같은 실무
자들은 어디에든 다시 배치할 수 있었지만, 직책을 가진 사
람들은 달랐다. 새 회사에 같은 자리를 만들어줄 수는 없는
노릇이었다. 서류 속 호칭은 계단과 같아서, 누군가 내려오
지 않는 이상 다른 누군가가 오를 수 없다. 그 순간부터 회사

안의 공기는 서서히 전장처럼 변해갔다.

그 뒤로 나는 어른들의 얼굴이 낯설게 보이기 시작했다. 함께 일하며 웃던 사람들이 하루아침에 서로의 동태를 살피기 시작했고, 조용히 누군가의 이름이 명단에서 사라지면 그 빈자리를 둘러싼 눈빛들이 미세하게 흔들렸다. 내 자리를 지키기 위해 팀원을 순식간에 밀어내는 모습, 누군가의 탈락이 곧 자신의 생존이 되는 구조 속에서 갑자기 표정이 환해지는 순간, 죽도록 미워했던 사람의 자리 곁에서 하루아침에 고개를 깊게 숙이며 인사를 건네는 장면들. 모든 것이 너무 빠르게, 그리고 너무 자연스럽게 벌어졌다.

그 속에서 나는 내가 알고 있던 회사의 얼굴이 하나씩 벗겨져 나가는 것을 보고 있었다. '평생직장'이라는 말이 얼마나 허무한 믿음이었는지, '성실'이라는 단어가 얼마나 손쉽게 희미해질 수 있는지, 안정적이라고 생각했던 것들이 사실은 카드로 만든 탑처럼 작은 바람에도 위태롭게 흔들리는 구조물이었음을 그제야 깨달았다.

나는 그때 처음으로 어른들의 불안이라는 것을 보았다. 가정이 있는 사람들, 대출이 남아 있는 사람들, 아이 둘의 학비를 감당해야 하는 사람들. 그들의 어깨는 이미 너무 무거워서, 회사가 조금만 흔들려도 금세 함께 기울어져 버릴 것만 같았다.

그날 이후로 회사는 더 이상 내가 꿈꾸던 무대가 아니었다. 복지와 연봉이 좋아질 거라는 단순한 희망으로는 설명할 수 없는, 더 깊고 차가운 현실의 민낯이 드러났다. 인수합병이라는 거대한 파도 앞에서 사람들은 서로를 지키기 위해 등을 돌렸고, 누군가는 하루아침에 자리를 잃었으며, 누군가는 살기 위해 어제의 신념을 가볍게 버렸다.

그 장면들을 지켜보며 나는 내가 믿어온 세계가 서서히 무너지고 있다는 것을 느꼈다. '열심히 하면 된다'는 문장은 이 회사 안에서는 아무 의미도 갖지 못했다. 노력은 기준이 아니었고, 성실함은 쓸모없는 미덕이 되었다. 회사는 성적표가 아니라 재배치표를 바라보고 있었고, 미래는 실력보다 자리의 구조로 결정됐다.

그 순간, 나는 처음으로 회사 바깥의 세계를 떠올렸다. 이곳에서의 성공이 정말 내가 꿈꾸던 성공이었을까, 그리고 이 방식으로 살아가는 것이 과연 내 인생이 원하는 길이었을까. 그 질문은 내가 쌓아 올려온 신념의 탑을 조용히 흔들었고, 마침내 나는 깨달았다. 내가 믿고 있던 세계의 결론, 그리고 성공이라고 생각했던 것들의 정체는 생각보다 훨씬 허무했다는 것을.

그리고 결국, 나는 인정할 수밖에 없었다. 회사도, 인생도, 열심히만 한다고 되는 일은 아니었음을.

내가
우울증이라니

"최근에 행복한 일이 뭐였어요?"

팀원들이 다 함께 모인 자리에서 누군가 가볍게 던진 질문이었다. 그런데 그 무심한 한 문장이 내 머릿속을 순식간에 비워 버렸다. 돌아가며 대답하는 순서가 내게 점점 가까워지는데, 나는 도무지 떠올릴 만한 장면이 없었다. 캘린더 속 빼곡한 일정들을 아무리 더듬어봐도, 그 어디에도 내가 기뻐했던 기억은 존재하지 않았다.

사실 행복을 떠올리지 못한 건, 바빠서도 아니고 여유가 없어서도 아니었다. 나는 어느 순간부터 행복이라는 단어를 내 인생의 언어에서 천천히 지워내고 있었다. 매일을 버티는 데 온 힘을 쓰다 보니, 행복은 '기억해야 하는 감정'이 아니라 '기억에서 사라진 감정'이 되어 있었다. 누군가의 질문으로 그 사실이 들켜버린 순간, 나는 나 스스로도 당황스러움을 감출 수 없었다. 내가 이렇게까지 무뎌져 있었다는 것이.

그럴싸한 서른. 내가 바라던 모습은 분명 그랬다. 스펙도, 주소도, 연봉도, 외형적인 삶의 모양도 모두 계획한 대로 갖춰져 있었다. 겉으로 보기에는 다 이룬 것 같았고, 누가 봐도 잘 사는 서른의 얼굴을 하고 있었다. 사진 속의 나는 늘 괜찮아 보였다. 새로 산 옷을 입고, 새로 옮긴 집에서 커피를 마시고, 실적 발표가 끝난 날에는 회식을 하며 웃고 있었다. 그러나 그 모든 장면에는 공통점이 있었다. 나는 늘 '누군가에게 보여줄' 표정만 하고 있었다. 셀카 속의 나는 언제나 웃고 있었지만, 카메라를 내린 뒤의 나는 어쩐지 표정을 잃고 있었다.

그럴싸한 서른 다음의 인생은 무엇일까. 회사에서 본 어른들의 미래는, 연차가 쌓일수록 점점 안쪽 자리로 이동하며 책상 서랍에 보이지 않는 피로와 체념을 쌓아가는 모습이었다. 팀장 옆자리, 부장 옆자리. 그 자리가 가깝다는 이유만으로 좋아 보이지 않는 미래. 내가 꿈꿨던 성공이라 믿었던 것들의 끝이 고작 그 자리라면, 도대체 내가 왜 이렇게까지 버텨야 하는지 알 수 없었다.

열심히 하는 사람에게 더 많은 업무가 쏟아지는 구조 속에서 나는 점점 무기력해졌다. 일은 잘하면 잘할수록 끝이 아니라 새로운 시작이 되었고, 책임은 덜어지는 대신 계속해서 덧붙여졌다. 그렇다고 일을 못 할 수도 없었다. 한 번 인정받은 사람에게는 '이 정도는 할 수 있잖아'라는 기대가 붙고, 그 기대를 저버리는 순간 나는 무너질 것 같은 두려움이 따라붙었다. 하지만 잘해서 더 많은 업무를 받고 싶은 마음은 더 이상 남아 있지 않았다.

나는 점점 속이 비어가는 느낌을 받아가며, 더 잘하고 싶지도, 더 멀리 보고 싶지도 않은 사람으로 변해갔다. 마치 오래된 기계가 고장 나기 직전에 내는 낮은 신음처럼, 내 안 어딘가에서 무언가가 서서히 꺼져가는 소리가 들렸다. 하루하루가 깎여나가고 있었고, 어느새 나는 감정을 잃은 껍데기처럼 움직이며 하루를 버텨냈다.

그러던 어느 날, 팀원 중 한 명이 출산휴가를 가며 그 자리를 대신할 경력직 과장이 입사했다. 같은 시기에 신입사원도 한 명 들어왔다. 그 파트에서 가장 오래 있었던 나는 자연스레 두 사람에게 인수인계를 맡게 되었다. 그날만큼은 드디어 사람이 충원되며 숨이 트일 수 있겠다는 작은 기대감이 생겼다. 그동안 부족한 인력 속에서 허덕였던 시간을 지나 이제야 팀이 조금은 안정될지도 모른다는, 아주 조심스러운 안도감이었다.

하지만 그 기대는 오래가지 않았다. 과장은 기본적인 시스템 사용법조차 배우려 하지 않았다. 자신은 실무를 할 생각이 없다며, 명령만 내리는 역할을 하겠다고 단호하게 말했다. 신입사원 시절 선배들을 따라다니며 '어깨너머로 배웠다'는 오래된 무용담을 들려주며, 시대가 달라졌다는 사실조차 인정하지 않는 듯했다. 그는 나와 일하던 어시스턴트와 신입사원을 데리고 다니며 내 말을 무시하고 자신의 방식만을 따르라 지시했다. 파트의 맥락도, 흐름도 모르는 사람이 갑자기 중심이 된 순간이었다.

　나에게 수습기간 동안 과제를 받으며 일을 배우던 신입사원은 큰 혼란에 빠졌다. 누구의 말을 믿어야 하는지, 어떤 기준으로 움직여야 하는지 알 수 없던 신입사원은 결국 나에게 조심스레 도움을 청했다. 사실 나도 겨우 신입 티를 벗은 직원일 뿐이었다. 이런 상황에서 무엇이 옳은지, 어떻게 대처해야 하는지 아는 사람은 아니었다. 그럼에도 마음을 다잡고 조심스럽게 과장에게 대화를 요청했다. 지금 신입은 수습기간이라 서서히 업무를 알려주는 중인데, 정반대의 지시가 내려오니 혼란이 커지고 있으니 어떻게 하는 것이 맞는지 물었다. 그러자 과장은 단 한 문장으로 대화를 끝냈다. "그럼 그 친구는 내가 다 맡겠습니다."

　그날 이후 나는 서서히 고립되기 시작했다. 다른 파트원들이 과장과 어떤 프로젝트를 진행하는지 알 수 없었고, 물어보면 돌아오는 대답은 "너는 네 카테고리만 잘하면 된다"는 말뿐이었다. 인사를 건네도 공중에 흩어져 사라지는 듯했으며, 회의실에서도 복도에서도 나는 점점 투명한 존재가 되어갔다.

　처음에는 내가 너무 예민하게 받아들이는 건 아닐까, 스스로를 설득했다. 조직이란 원래 불합리가 있고, 사람마다 방식이 다르니 어느 정도의 충돌은 있을 수 있다고. "괜찮아, 적응하는 과정이겠지." 그렇게 매일 스스로를 달래며 하루를 겨우 이어 붙였다. 하지만 마음속 어딘가에서는 아주 작은 균열이 조용히 퍼지고 있었다. 무시당하는 순간보다 더 무서웠던 건, 그 무시가 반복될수록 정말로 내가 별것 아닌 사람처럼 느껴지는 감각이었다.

어느 순간부터 나는 내 가치를 스스로에게 설명해야 하는 사람처럼 변해 있었다. '나는 잘못한 게 없잖아.' '나는 이 팀에서 필요한 사람이야.' 그렇게 매일 속으로 나를 변호했지만, 그 말들은 점점 힘을 잃어갔다. 누군가 나를 투명인간처럼 대하면, 나도 그 투명함을 믿게 되는 날들이 늘어갔다.

그러다 결국, 내가 모르는 채 진행되던 그 프로젝트들에서 문제가 생기기 시작했다. 과장이 지시한 방식대로 움직이던 사람들은 중요한 과정들을 놓쳤고, 계산은 틀어지고, 일정은 엉켜갔다. 그러자 신입사원과 어시스턴트, 심지어 다른 팀에서까지 조용히 나에게 도움을 요청해왔다. 그들의 표정에는 '당신이 처리해줘야 한다'는 기대보다, 제발 누군가 이 혼란을 함께 버텨줬으면 하는 간절함이 담겨 있었다. 그 순간 나는, 나만 힘든 것이 아니었다는 사실을 오히려 더 뼈아프게 실감했다. 모두가 제자리에서 무너지는 소리를 각자의 방식으로 견디고 있었을 것이다.

그때부터 나는 이상한 소용돌이 속에 들어갔다. 공유되지 않은 업무들이 사방에서 튀어나오고, 다른 팀원들은 내가 알 수 없는 일들을 물어왔으며, 힘들다며 하소연하는 파트원들 사이에서 나는 점점 더 버거워졌다. 반면 과장은 여전히 나를 투명인간처럼 대했다. 인정도, 지시도, 대화도 없는 상태에서 문제만 내게 흘러들어왔다. 그 모든 것은 고작 나 혼자 감당할 수 있는 무게가 아니었다.

그렇게 나는 매일 밤, 다음 날 출근을 생각하는 것만으로도 심장이 미친 듯이 뛰어 잠을 이룰 수 없었다. 휴대폰 화면을 내려놓고 불을 끄면, 고요는 오지 않고 묵직한 불안만이 가슴 위에 내려앉았다. 눈을 감는 순간 오히려 숨이 더 가빠졌고, 새벽이 다가올수록 세상이 나를 향해 거대한 파도처럼 밀려오는 것만 같았다. 다시 눈을 뜨면 또다시 반복되는 하루가 기다리고 있다는 사실, 그리고 온종일 그 과장 옆자리에 앉아 있어야 한다는 사실이 숨통을 조여왔다.

나는 그렇게 서서히 하루하루 죽어갔다. 정상적인 생활이 불가능할 정도로 앞이 캄캄해졌다. 모니터 앞에 앉아 있던 어느 순간, 왜 내가 이토록 벌레만도 못한 취급을 받아야 하는지 억울함이 치밀어 올라 갑자기 눈물이 쏟아졌고, 음식을 먹을 때마다 몸이 받아들이지 못해 그대로 음식을 토해냈다. 그럼에도 더 무능해 보이고 싶지 않다는 생각에 오히려 일을 더 붙잡았다. 매출을 올리면 올릴수록 과장은 나를 더 철저하게 무시했고, 팀장에게 나는 우울해 보이기는커녕 그저 능력 좋은 사원일 뿐이었다.

몇 개월의 시간이 흘렀을 때, 나는 이제 누구의 눈에도 힘이 빠진, 에너지가 증발한 사람으로 보였을 것이다. 주변 사람들은 어느 순간 조심스럽게 나에게 물어왔다. "괜찮아?" 하지만 나는 이 상황을 어디서부터 설명해야 할지 몰랐다. 마치 조직 안에서 분열을 만들어낸 당사자가 나인 것처럼 느껴져 아무 말도 할 수 없었다.

그러던 어느 비가 쏟아지던 날이었다. 양재천의 강물이 불어나 거대한 속도로 흘러가고 있었고, 버스 창밖으로 그

물길을 멍하니 바라보던 나는 문득 그 속으로 뛰어들어 조용히 사라지고 싶다는 생각을 했다. 그것은 거창한 비극의 상상이 아니라, 그저 지금의 고통을 끝내고 싶은 절박함에 가까웠다. 버스 안을 둘러보다 눈이 마주친 낯선 사람에게조차, 그가 갑자기 내게 달려들어 이 감옥 같은 시간을 끝내 줬으면 좋겠다는 아주 어두운 바람이 스쳤다. 그리고 나는 그 순간, 내가 드디어 한계를 넘어섰다는 것을, 마음의 어떤 문이 완전히 부서져 버렸다는 것을 깨달았다.

그렇게 나는 결국 정신과를 가기로 마음을 먹었다. 그러나 예약 버튼을 누르려는 순간, 다시 마음이 흔들렸다. 나는 가끔은 웃기도 했다. 친구와 밥을 먹으면 잠시나마 괜찮아지기도 했다. 출근은 매일 하고 있었고, 업무 보고도 하고 있었는데, 이런 내가 우울하다고 말할 자격이 있는 걸까. '이 정도는 누구나 겪는 거 아니야?' 그런 의심이 마지막 자존심처럼 내 앞을 가로막았다. 그럼에도 초진을 위해 문진표를 작성해야 했고, 그 순간 나는 더 이상 스스로를 속일 수 없었다.

"최근 한 달 동안, 이유 없이 눈물이 나는 일이 있었습니까?" 매일 그렇다. "잠들기 어렵거나, 자주 깨어나는 일이 있었습니까?" 매일 그렇다. "아침에 일어나는 것이 어렵다고 느끼십니까?" 매일 그렇다. "스스로 무가치하다고 느끼거나, 삶이 의미 없다고 느낀 적이 있습니까?" 매일 그렇다. "평소 하던 일이나 취미에 흥미가 사라진 적이 있습니까?" 매일 그렇다.

손끝은 떨리고 있었고, 체크박스는 너무 가벼운 소리로 '딸깍' 하고 선택되었다. 그러나 그 작은 소리가 내 안에서는 오래된 벽이 무너지는 울림처럼 크게 번졌다. 나는 그 순간, 문진표 앞에서 처음으로 인정할 수밖에 없었다. 가끔 웃기도 하고, 밥도 먹고, 출근도 하는 내가 우울하지 않을 거라는 믿음은 사실 내가 끝까지 붙잡고 있던 마지막 방어막이었다는 것을. 그리고 그 방어막을 가장 먼저 무너뜨린 사람은 의사도, 회사도 아닌 바로 그 문항들에 스스로 체크하는 나 자신이었다.

상담실 문을 열고 들어갔을 때, 의사는 조용히 앉아 나에게 물었다. "무슨 일 때문에 오셨어요?" 나는 단 한마디도 꺼낼 수 없었다. 아무 말도 나오지 않았고, 대신 그동안 누구에게도 털어놓지 못했던 감정들이 한꺼번에 터져 나오는 듯 눈물만이 쏟아졌다. 말이 아니라 눈물이 먼저 대답했다. 내가 얼마나 오래 버티고 있었는지가, 그 눈물 속에 다 적혀 있는 것 같았다.

의사는 내 말을 재촉하지 않았다. 다만 내가 흘리는 문장들을 조용히 종이에 옮기며 고개를 끄덕였다. 그리고 아주 단단한 목소리로 말했다. "잘 오셨어요. 앞으로 같이 방법을 찾아봅시다." 그 한 문장이 나를 무너뜨리는 동시에, 나를 살려내는 것처럼 느껴졌다. 그렇게 나는 우울증 진단을 받았다.

나는 그냥 그럴싸하게, 조금 멋지게 살고 싶었을 뿐인데. 꿈꾸던 서른의 한가운데에 서 보고 싶었을 뿐인데. 그 자리에 서 있는 나는 생각보다 훨씬 더 부서져 있었다.

내가 우울증이라니.

어? 대리님이다.

정신과 상담을 다니던 어느 날, 나는 병원 복도에서 다른 부서 대리님을 마주쳤다. 우리는 분명 서로를 보았고, 분명 서로를 알아보았지만, 동시에 아무 일도 없다는 듯 고개를 돌렸다. 마치 그곳에서는 누구도 누구의 상처를 확인해서는 안 된다는, 말하지 않아도 알고 있는 어떤 묵계가 흐르고 있었다. 나도, 그 대리님도, 잠깐 흔들린 눈빛을 숨기며 서로를 모른 척 지나쳤다.

그 무렵 나는 이틀에 한 번, 삼 일에 한 번 정신과를 방문

했다. 상담을 받고 약을 처방받아 먹으면 그제야 밤에 잠을 잘 수 있었고, 한낮에 별 이유 없이 터지는 눈물을 간신히 눌러둘 수 있었다. 약은 나를 완전히 회복시키지는 못했지만, 최소한 사람이 살아가는 모양새를 붙잡아주는 마지막 줄 같은 존재였다. 약에 의지하며 하루를 버티자 비로소 나는 주변을 둘러볼 여유가 조금 생겼다.

그러자 보였다. 회사 안에는 생각보다 많은 사람이 나처럼 약봉지를 가방 깊숙이 숨겨 들고 다니고 있었다. 다들 이렇게 살고 있었구나. 다들 힘들었구나. 그 사실을 깨달으니 오히려 나만 특별히 망가져 있는 것이 아니라는 이상한 안도감이 스쳤다. 하지만 동시에 '그럼에도 왜 나는 유독 벼랑 끝에 선 사람처럼 흔들릴까' 하는 생각도 지울 수 없었다.

한 달, 두 달, 시간이 흐르면서 나는 조금 나아진 것만 같았다. 그래서 욕심을 냈다. 이제 약을 줄여도 괜찮지 않을까. 선생님과 상담 후 약의 용량을 낮췄다. 그리고 바로 다음 날, 몸은 잔인할 만큼 정직하게 반응했다. 먹은 것도 없는데 속은 끝없이 뒤집혔고, 구토는 멈추지 않았다. 옆자리 과장의 숨소리조차 귀를 찢는 소음처럼 크게 들렸고, 그가 의자를 움직일 때 나는 소리에 심장이 압착되듯 아파 왔다.

견딜 수 없던 나는 결국 정신과에 전화를 걸었다. 선생님은 퇴근 후라도 바로 오라고 했다. 응급처럼 짧은 진료가 이어졌고, 구토를 가라앉히는 약과 함께 차분한 목소리로 내일을 버틸 작은 방법들을 알려주었다. 병원을 나설 때까지, 선생님은 내가 혼자 돌아가도 괜찮을지 조심스러울 만큼 오래 기다렸다.

그날 밤, 나는 극심한 공포에 휩싸였다. 마치 몸속 깊은 곳에서부터 서늘한 손이 올라와 목을 움켜쥐는 것처럼, 설명할 수 없는 두려움이 한 번에 나를 덮쳤다. 약을 삼키면 겨우 하루를 버틸 수 있었고, 약을 줄이자마자 몸은 무너지는 듯 반응했다. 그 순간 나는 차갑고 잔인한 문장 하나와 마주한 기분이었다. 이제 나는 약 없이는 일상의 가장 작은 조각조차 감당하지 못하는 사람이 되어버린 것이 아닐까. 약이 나를 살리고 있지만 동시에 나를 묶어두는 족쇄처럼 느껴지는 모순이, 그때의 나에게는 감당하기 어려운 무게로 내려앉았다.

그 공포를 나는 다음 진료에서 숨기지 못했다. 의자에 앉자마자 목소리가 흔들렸고, 결국 울면서 제발 이런 삶을 멈추게 해달라고 말했다. 나는 강해지고 싶었지만, 그 자리에서만큼은 철저히 무너져 있었다. 선생님은 조용히 고개를 끄덕였다. 급하게 달래지도, 성급하게 위로하지도 않은 채, 오래된 나무처럼 단단한 목소리로 말했다. 약에 의존하는 삶이 아니라 근본적인 해결을 함께 찾아보자고. 그 말은 아주 작은 불씨처럼 마음속에서 흔들렸다. 아직 완전히 보이지는 않았지만, 나에게도 다시 살아갈 길이 있다는 미약한 희망의 기척이었다.

잠시 후 선생님은 내게 질문을 건넸다. "좋아하는 게 뭐예요? 무엇을 할 때 행복하세요?"

아주 단순한 질문이었지만, 나는 그 질문 앞에서 완전히 멈춰 섰다. 누구나 대답할 수 있을 것 같은 질문인데, 이상하게 입이 떨어지지 않았다. 입 안이 모래로 가득 찬 것처럼 말이 굳어버렸고, 기억이라는 서랍들이 모두 잠겨 버린 사람처럼 아무것도 떠올릴 수 없었다.

오랫동안 내 마음을 덮고 있던 어둠이 그 질문 앞에서 드디어 실체를 드러낸 것만 같았다. 내가 좋아하는 것, 나를 기쁘게 하는 것, 나를 살게 하는 것. 그런 것들을 떠올릴 능력이 내 안에서 사라지고 있었다는 사실을, 그날에서야 처음 깨달았다.

선생님은 서두르지 않아도 된다고 했다. 다만 시간을 들여서라도 꼭 생각해보라고 했다. 그 말이 이상하게 멀리서 들리는 파도 소리처럼 느껴졌다. 당장 대답하지 못해도 괜찮다는 말이 아니라, 언젠가 반드시 그 답을 마주해야 한다는 부드럽지만 단단한 권유처럼 들렸다.

나는 그날 집으로 돌아가는 길에 서늘한 공기를 들이마시며 생각했다. 도대체 나는 언제부터 나를 잃어버린 걸까. 언제부터 단순한 질문 하나에도 침묵으로밖에 대답할 수 없는 사람이 되어버린 걸까.

그 질문은 그날 밤 내 방 불이 꺼진 뒤에도 오래도록 어둠 속을 공처럼 굴러다니며 나를 바라보고 있었다. 손을 뻗으면 잡힐 것 같은데, 막상 쥐려고 하면 허공으로 사라지는 것처럼. 나는 머리를 쥐어짜듯 과거를 더듬었지만, 기쁨의 순간들이 죄다 먼지처럼 흩어져 손에 잡히지 않았다. 내가 좋아했던 것들이 무엇이었는지, 무엇을 하면 웃고 숨이 편안해졌는지조차 기억나지 않았다.

나는 분명 내가 정해놓은 '행복의 기준' 안에 들어와 있었다. 그럴싸한 회사, 평균 이상의 연봉, 서울 중심부의 자취방, 남들에게 부끄럽지 않은 생활. 한때는 이 모든 것이 '행복의 공식'이라 믿었고, 그래서 그 공식을 완성해내기 위해 밤을 새우고, 울먹이고, 이를 악물고 버텨왔다. 그런데 막상 그 공식의 정답 앞에 선 나는 행복은커녕 더 깊은 어둠에 잠겨 있었다. 완벽해 보이는 퍼즐을 맞추고 나서야 깨달았다. 나는 정작 이 퍼즐의 그림을 좋아한 적이 한 번도 없었다는 것을.

그 순간부터 묘한 의문이 들기 시작했다. 도대체 나는 언제부터 나를 이렇게 잃어버린 걸까. 내가 살아온 지난 시간들은 대체 누구의 삶이었을까.

회사에서 살아남기 위해 붙잡았던 목표들, 남들에게 인정받기 위해 애써 쌓아 올린 것들, '그럴싸한 서른'이라는 이름으로 다듬어 놓은 짧은 성공의 조각들은 결국 한 번도 나를 기쁘게 해준 적이 없었다. 나는 단지 "행복해야 한다"는 압박에 매달려 있었을 뿐, 정작 행복을 느끼는 법은 까맣게 잊은 사람이 되어 있었다. 그 사실을 깨닫는 순간, 나는 아주 조용히, 그러나 깊게 무너졌다.

그 후 나는 일주일이 조금 넘는 기간 동안 몽골 여행을 다녀왔다. 출국 전 마지막 진료에서 선생님은 약 먹는 것을 잊지 말라며 넉넉한 양의 약을 건넸다. 그 가벼운 배려가 이상하게 든든하게 느껴졌다. 마치 누군가가 나를 잠시 세상 바깥으로 피신시키는 듯한 기분이었다. 그렇게 나는 처음으로, 도시의 소음도 책임도 기대도 닿지 않는 곳으로 향했다.

몽골에 도착하자마자 모든 것이 느리게, 그러나 확실히 달랐다. 휴대폰은 신호를 잃었고, 컴퓨터는 짐 속 깊숙이 묻혔다. 전파가 닿지 않는 들판, 지도 앱이 필요 없는 텅 빈 길, 일정도 목표도 필요 없는 하루들. 해가 지면 서로의 얼굴만 겨우 보이는 게르 안에서 모닥불 냄새를 뒤집어쓴 채 좋아하는 사람들과 나누던 밤의 대화, 곡선처럼 흘러가는 끝없는 사막의 능선, 손을 뻗으면 닿을 것처럼 가까운 별들, 길 한복판에서 갑자기 멈춰 서던 소 떼, 차가운 공기를 가르는 바람 소리... 그 모든 것이 나를 서서히 깨우기 시작했다. 삐뚤빼뚤 세워진 게르조차, 도시에서 보았더라면 불편함으로 보였을 텐데, 그곳에서는 오래된 그림처럼 따뜻하게 느껴졌다.

그리고 무엇보다 불편함이 자연스러운 곳이었다. 화장실은 게르에서 한참 떨어진 외딴 나무 칸막이였고, 몸을 씻으려면 물이 제대로 나오지 않아 전투하듯 몇 분 만에 서둘러야 했다. 씻고 나오면 서로에게 춥다며 호들갑을 떨었고, 그 모습들이 어딘가 우스워 모두들 배꼽을 잡고 웃었다. 밤이면 온기가 떨어진 게르 안에서 장작불 하나에 의지해 이불을 파고들었고, 아침이면 차갑게 쪼개지는 공기 속에서 숨을 내쉴 때마다 하얀 입김이 떠올랐다. 도시에서는 당연했던 것들이 이곳에서는 모두 수고로움이었지만, 그 수고로움 속에서 오히려 몸이 살아 있음을 느끼게 되었다.

그곳에서는 아무것도 화려하지 않았고, 어떤 것도 '그럴싸해 보이려' 애쓰지 않았다. 자연은 자연대로, 사람은 사람대로 존재할 뿐이었다. 그리고 나는 그 단순함 앞에서 오래 묵어 있던 감정 하나가 문득 살아나는 것을 느꼈다. 행복. 아주 가벼운 바람처럼, 조용히 가슴 위에 내려앉는 감정. 도시의 중심에서 진짜 나를 잃어가던 시절에는 절대 느낄 수 없었던 감정이었다.

나는 세련된 빌딩과 완벽한 계획표가 아니라, 바람과 모래와 별빛뿐인 이 투박한 공간에서야 비로소 내가 '살아있다'는 감각을 되찾고 있었다. 몽골에서 돌아온 뒤 며칠 동안 나는 여전히 그곳의 바람을 몸에 두르고 있는 사람처럼 움직였다. 회사 메일함을 열기 전마다 습관처럼 밀려오던 불안의 그림자는 잠시 모습을 감추고 있었고, 내가 지금 어떤 방향으로 가야 하는지 아주 희미하지만 분명한 감각이 생긴 듯했다. 사막의 바람이 내 안쪽 깊숙한 곳의 먼지를 털어낸 덕인지도 몰랐다.

그 순간 나는 처음으로 '벗어날 수 있다'는 가능성을 느꼈다. 지금의 삶이 전부가 아니라는 사실, 내가 바라보는 세계가 이 좁은 회사 건물 안에만 갇혀 있는 것이 아니라는 사실을 조금씩 알아가기 시작했다. 낯선 땅에서 아주 작은 희망이 움트듯, 내 안에서도 변화의 씨앗이 조용히 자라기 시작한 것이다.

그러자 나는 내 삶을 바깥에서 바라보게 되었다. 지금까지 나는 살아내기 위해 버텼고, 버티는 것이 곧 생존이라 믿었다. 하지만 몽골에서의 며칠은 그 믿음을 산산이 깨뜨렸다. 내가 버텨온 시간들은 기적이 아니라 소모였고, '열심히'라는 이름으로 포장된 희생이었다는 것을. 그리고 무엇보다, 이렇게 살아서는 안 된다는 작은 목소리가 생겨나 있었다. 처음엔 희미했지만, 무시할 수 없을 만큼 단단한 울림이었다.

그 무렵 나는 내가 원하는 삶을 처음으로 구체적으로 떠올리기 시작했다. 막연한 희망이나 버티기 위한 상상이 아니라, 앞으로의 인생을 어떤 모양으로 살아가고 싶은지 스스로에게 묻는 질문이었다. 그 질문의 끝에서 떠오른 단어가 있었다. 디지털 노마드. 회사 책상이 아니라 내가 원하는 장소에서, 내가 원하는 시간에 일하는 삶. 더 넓은 세계를 보고 더 많은 경험을 내 몸에 새기기 위해서는 결국 시간과 공간의 자유가 필요했다.

그렇게 나는 '스스로 내 삶의 구조를 정하는 삶'을 상상하게 되었다. 누군가가 정해놓은 방식에 스스로를 맞추는 것이 아니라, 나라는 사람의 리듬과 온도에 맞는 하루를 짓는 삶. 언제 일할지, 어디서 머물지, 어떤 풍경 속에서 시간을 보낼지... 그 기준을 남이 아니라 내가 정하는 삶.

그 생각이 마음속에서 아주 작게 빛을 냈다. 불행을 빠져 나가기 위한 문은 거창하게 열리는 것이 아니었다. 도망치 듯 뛰어나가는 것도 아니었다. 단지 나에게 다시 권한을 돌 려주는 일. 그 조용한 시작에서 변화가 싹트기 시작했다.

하지만 그 여운은 오래 버티지 못했다. 다시 회사 책상 앞 에 앉는 순간, 일상의 공기는 사막의 공기와는 전혀 다른 얼 굴로 다가왔다. 모니터는 여전히 그 자리에 있었고, 과장의 숨소리도 여전했고, 서류 더미도 변함없이 나를 기다리고 있었다. 그런데 달라진 것이 하나 있었다. 그 공간 속에 있는 '나'의 모습이었다. 예전에는 버티기 위해 어딘가 웅크려 있 었다면, 이제는 그 자리에서 더는 숨을 쉴 수 없다는 감각이 아주 선명하게 찾아왔다. 몽골의 바람이 내 안쪽 깊은 곳의 먼지를 털어냈다면, 회사의 공기는 다시 그 먼지를 들이마 시게 하는 것처럼 무겁고 답답했다.

나는 처음으로, 이 공간이 나를 불행하게 만든다는 사실 을 인정했다. 이곳에서 더 오래 버티면 나는 다시 예전의 나 로 미끄러져 돌아갈 것이고, 결국 그 어둠 속으로 완전히 가라앉을 것이라는 두려움이 가슴 한복판을 찔렀다.

그 순간 나는 아주 조용히 결론에 닿았다. 지금 변화하지 않으면, 나는 다시 살아날 수 없다는 것. 그것이 내가 불행을 빠져나갈 유일한 방법이라는 것을.

퇴사하겠습니다

회사라는 공간은 나에게 뫼비우스의 띠처럼 느껴졌다. 벗어나고 싶어도 다시 제자리로 되돌아오는 길뿐인, 출구 없는 구조물 같았다. 너무 힘들어 그만두고 싶다고 마음을 다잡으면, 그날 저녁 정확히 찍혀 들어오는 월급이 나를 또다시 붙잡았다. 연초에는 설 연휴까지만 버티자고 스스로를 설득했고, 설이 지나면 4월 승진 발표까지만 버티자고 달랬다. 4월이 지나면 여름 휴가비가 들어오니 조금만 더, 7월이 지나면 추석이 있으니 거기까지만. 추석이 지나면 이제 올해까지만 버티자고... 그렇게 끝없이 이어지는 고리 속에서 나는 매번 '조금만 더'를 외치며 내 삶을 미루고 있었다.

나는 회사 안에서는 결코 행복할 수 없다는 사실을 알고 있었다. 그럼에도 그동안 쌓아온 모래성을 스스로 부수겠다고 선언하는 일은, 예상보다 훨씬 더 어려웠다. 내가 살아온 모든 선택과 시간들이 그 성 안에 겹겹이 쌓여 있었기 때문이다. 떠나야 한다는 걸 알면서도, 떠나는 순간 나라는 존재가 한순간에 공중으로 흩어질 것 같은 공포가 있었다.

그래서 나는 어느 날 아주 조용히 일기장을 펼쳤다. 내가 무엇을 두려워하는지, 퇴사하면 무엇이 나를 덮칠지, 그 막연한 공포에 이름을 붙여보자는 마음이었다. 머릿속을 어지럽히던 질문들이 펜 끝에서 줄줄이 흘러나왔다. 월급이 끊기면 매달 빠져나가는 월세나 통신비, 관리비와 식비 같은 고정비는 어떻게 감당하지, 부모님에게는 뭐라고 말하지, 내가 나가면 그 자리는 누가 대신 앉게 될까, 혹시 나만 바깥에서 실패해 쫄딱 망하면 어떻게 하지... 적고 나니 알 수 있었다. 두려움은 미래가 불확실해서 생기는 것이 아니라, 준비되지 않은 나를 마주할 때 밀려오는 감정이었다는 것을.

나는 그 사실을 외면할 수 없어 아주 현실적인 준비를 시작했다. 회사를 나가면 아무 계획 없이 허공을 떠다니는 사람이 되고 싶지 않았다. 밖으로 나간다는 건 도망이 아니라 이동이어야 한다는 생각이 나를 붙잡고 있었다. 그래서 나는 '지금의 나라도 할 수 있는 길'을 찾기 위해 온라인으로 할 수 있는 일들을 살피기 시작했다. 그렇게 시작된 것이 디지털 노마드를 향한 작은 움직임이었다. 시간과 공간의 자유를 가진 삶, 내가 원하는 곳에서 내가 원하는 속도로 일하는 삶을 언젠가 살 수 있을지 모른다는 희미한 희망이 내 안에서 천천히 자라기 시작했다.

그날부터 나는 닥치는 대로 온라인에서 할 수 있는 일들을 시도했다. 새벽 다섯 시, 도시의 불빛이 아직 희미하게 깜빡이던 시간에 눈을 뜨고 블로그 글을 썼고, 퇴근 후에는 다시 노트북을 열어 또 다른 글을 썼다. 출퇴근길에는 짧은 뉴스레터를 발행하며 광고 수익을 얻으려 했고, 블로그에는 쿠팡 파트너스와 알리 어필리에이트 링크를 촘촘히 걸어두었다. 하나만이라도 터지면 월급이라는 단단한 벽을 흔들 수 있을 거라 믿었다. 그 믿음 하나로 나는 하루하루를 버텼다.

하지만 현실은 생각보다 훨씬 거칠었다. 어떤 것도 빠르게 자리 잡지 않았고, 어느 것도 월급의 공백을 메울 만큼 성장하지 않았다. 나는 이것을 하다가 저것으로 옮겨갔고, 다시 돌아왔다가 또 방향을 틀었다. 그 모든 움직임이 마치 제자리에서 허공을 휘젓는 손짓처럼 느껴질 때가 많았다. 바쁘기만 했지 변화는 없었고, 노력은 했지만 성과는 없었고, 몸은 지쳐갔지만 마음은 허공에 매달린 사람 같았다. 누구보다 쉬지 않고 움직였지만, 정작 무엇을 위해 바빴는지 알 수 없는 날들의 연속이었다.

결국 나는 묘한 자괴감에 휘청거렸다. 마냥 쉬지도 못하고, 뚜렷한 성과도 없고, 변화의 기척조차 보이지 않았다. 그때의 나는 두 개의 세계 사이에서 미끄러지는 사람 같았다. 회사 안에서는 숨이 막혀 죽을 것 같고, 회사 밖에서는 막막함에 허우적거리는 사람. 무언가를 붙잡으려 손을 뻗으면 손끝에서 모래처럼 흩어졌고, 흩어진 모래를 다시 긁어모으며 하루를 끝내는 그런 날들. 그러다 문득 이런 생각이 스쳤다. 혹시 나는 지금, 거대한 헛고생의 소용돌이 속에 빠져 있는 게 아닐까.

그래서 나는 결심했다. 더 이상 이렇게 흔들리기만 하다가는 결국 아무것도 붙잡지 못한 채 또 한 해를 흘려보내게 될 것 같았다. 그래서 딱 하나만, 단 하나의 부업만을 선택해 끝까지 해보기로 했다. 더 이상 여기저기 흔들리지 않고, 단 하나라도 내 손 안에 남는 것이 무엇인지 확인해보자는 마음이었다. 만약 그 하나마저도 끝내 성과가 나오지 않는다면, 나는 바깥에서 살아남을 능력이 없는 것을 인정하고, 회사에 남아 어떻게 하면 덜 불행하게 살 수 있을지에 집중하며 퇴근 후의 삶을 가꾸기로 했다.

200만 원. 내가 지불한 부업 강의의 비용이었다. 누군가에게는 그저 과한 지출처럼 보였을 수도 있지만, 나에게는 다른 의미였다. 그것은 새로운 기술을 배우는 값이기도 했고, 무엇보다도 도망치지 않겠다는 내 의지에 붙인 금액표처럼 느껴졌다. 이제는 뒤로 물러설 여지가 없다고 스스로를 벼랑 끝에 세우듯 다짐한 순간이었다. 그렇게 나는 기어이 월급에는 못 미치더라도 월급을 충분히 연상하게 하는 부업 수익을 만들어냈다. 그 성과는 크지 않았지만, 나에게는 세상을 다시 열어준 금액이었다. 내가 나를 먹여 살릴 수 있을지 모른다는 가능성이 처음으로 손끝에 잡힌 순간이었기 때문이다.

그리고 마침내, 오랫동안 머릿속에서만 그리던 퇴사의 문턱 앞에 서게 되었다. 이상하게도 나는 그 지점까지 오면 불안이 사라질 거라 믿었다. 하지만 막상 '퇴사하겠습니다'라는 한 문장을 입 밖에 꺼내는 일은 여전히 어려웠다. 그것은 단순히 회사를 떠나는 선언이 아니라, 내가 공들여 쌓아 올린 '그럴싸한 서른'을 스스로 무너뜨리는 일이었기 때문이다. 퇴사하는 순간 나는 어떤 소속도, 명함도, 설명 가능한 직함도 없는 사람이 된다. 사회가 말하는 안전한 틀 바깥으로 스스로 걸어 나가는 일이었다. 나는 그 공백을 감당할 준비가 되어 있을까 스스로에게 묻고 또 물었다.

그래서 다시 나는 일기장을 펼쳤다. 그동안 내 마음을 가장 정확히 드러내던 곳이자, 내가 나를 속이지 못하는 유일한 장소였다. 나는 내가 두려워하는 것들을 하나씩 적기 시작했다. 부업이 망하면 어떡하지, 내가 돈을 벌지 못하면 어떡하지, 그러다 결국 모아둔 돈을 모두 써버리면 어떡하지, 그렇게 인생이 완전히 꼬여버리면 어떡하지... 종이에 옮겨진 두려움들은 생각보다 훨씬 많은 가지를 뻗고 있는 생물처럼 보였다.

그래서 나는 그 두려움에 대응하는 방법도 함께 적었다. 부업이 망하면 새로운 일을 찾으면 되는 것이었고, 돈을 벌지 못하면 당장의 아르바이트는 언제든지 구할 수 있었다. 모아둔 돈을 다 써버린다면 자취방을 정리하고 본가로 들어가면 되는 것이었다. 그리고 다시 취업을 준비하면 된다고, 나는 종이에 적으며 스스로에게 말했다. 서른이라는 나이는 그래도 다시 시작할 수 있는 나이라고, 아직은 인생의 실패라고 부르기엔 너무 이른 나이라고.

그러자 문득 이런 질문이 생겼다. 이 모든 과정을 감수하면서까지 내가 진짜로 하고 싶은 일을 할 수 있을까. 이 모든 리스크를 감당하면서도, 수입이 없어지는 한이 있어도, 나는 그래도 회사를 떠나고 싶은가. 그리고 답은 놀랍게도, 아주 조용하게 그러나 단단하게 '그렇다'였다. 모니터 앞에 앉아 '남의 일'을 처리하는 동안, 머릿속에서는 계속 생각이 맴돌았다. 지금 이 시간이면 '내 일'에서 조금 더 성장할 수 있을 텐데, 이 한 시간을 더 쓸 수 있다면 더 많은 기회를 만들 수 있을 텐데. 어느새 남의 일보다 내 일이 더 소중해져 버렸고, 내 일이 더 나를 살아 있게 만들었다.

나는 내가 선택한 일을, 내가 선택한 장소와 시간 아래서 하고 싶었다. 그 욕망은 더 이상 눌러둘 수 있는 마음이 아니었다. 그렇게 나는 결론에 닿았다. 나를 불행하게 만드는 곳을 떠나야 한다는 것, 이제는 다른 삶을 살아가보아야 한다는 것. 그래서 나는 회사를 떠나기로 마음먹었다. 아주 오래 미뤄왔지만 사실은 내가 가장 먼저 선택했어야 했던 길을, 드디어 향하기로 했다.

회사 밖으로 나오는 일은 생각보다 복잡하지 않았다. 인수인계서를 정리하고, 퇴사 사유를 적고, 남은 연차를 소진하고, 팀장과 부장, 경영실장, 마지막으로 대표의 결재가 차례로 떨어지면 행정적으로 나는 더 이상 그 조직의 사람이 아니게 되었다. 퇴사하는 마지막 날, 내가 쓰던 컴퓨터와 사무용품들은 회사의 소유물이라는 이유로 모두 회수되었다. 동료들과 간단한 인사를 나누며 그동안 수고했다는 말이 공기처럼 흩어졌고, 나는 그 공간을 뒤로한 채 회사 문을 걸어 나왔다. 그 문을 닫는 순간, 내 인생의 거의 전부인 줄로만 알았던 '그럴싸한 서른'도 함께 뒤편에 남겨졌다.

그렇게 나는 홀가분한 듯하면서도 묘하게 낯선 감정이 뒤섞인 마음으로, 회사가 더 이상 존재하지 않는 하루를 우리 집 책상에서 맞이했다. 출근 시간에 억지로 눈을 뜰 이유도, 사무실 문을 열며 인사를 건넬 사람도, 정해진 시간에 어떤 업무를 수행해야 한다는 규칙도, 점심시간이 언제인지 신경 써야 할 필요도, 기획안을 작성해 보고해야 한다는 의무도 사라졌다. 갑작스럽게 쏟아진 고요는 마치 소음이 모두 제거된 세상에 혼자 남겨진 듯한 느낌을 주었다. 자유의 시작은 이렇게 조용했고, 그래서 더 낯설었다.

그리고 내가 오래 붙잡고 있던 걱정은 끝내 현실이 되지 않았다. '내가 맡던 일은 어떻게 될까'라는 고민은 허무할 만큼 의미가 없었다. 회사는 내가 촘촘하게 작성한 인수인계서의 문장들을 따라 정확히 작동했고, 나라는 사람의 공백은 시스템 속에 자연스럽게 흡수되었다. 마치 내가 애초에 그 자리에 없었던 것처럼, 아무 일도 일어나지 않은 듯 조직은 흘러갔다. 밖의 세상도 마찬가지였다. 내 삶이 무너져 새로운 길로 뻗어나가고 있든, 그것과 상관없이 세상은 변함

없는 속도로 움직였다. 지하철은 같은 시간에 도착했고, 출근길 사람들은 여전히 바빴고, 뉴스는 늘어난 사건들을 그대로 중계했다. 나의 결심은 거대한 세계 앞에서는 티끌만큼의 일렁임조차 만들어내지 못했다.

하지만 어쩌면 그 사실이, 나에게는 생애 처음 주어진 진짜 자유였다. 세상은 나 때문에 멈추지 않았고, 멈추지 않는 세상 앞에서 나는 그제야 알았다. 그렇기 때문에 나는 내 뜻대로 어디든, 어떤 속도로든 살아가도 괜찮은 존재라는 것을. 그 고요하고 낯선 텅 빈 하루 속에서 나는 비로소 한 걸음을 내딛기 시작했다. 어느 누구의 지시도, 평가도, 기준도 아닌 오직 나라는 기준으로 하루를 설계하는 일을, 그날부터 아주 조심스레 시작했다.

나는 그렇게 나만의 세상을 만들기 위한 일들을 온종일 해보았다. 누가 시키는 일도 아니었고, 당장의 결과를 보장해주는 일도 아니었지만, 이상하게도 그 작은 시도들이 쌓일수록 내 안쪽 어딘가가 조금씩 단단해지는 것을 느꼈다. 불안과 기대가 뒤섞인 시간이 흐르며, 인생에서 '그럴싸한 서른'이 아니라 '나다운 서른'이라는 새로운 장이 서서히 펼쳐지기 시작했다.

　돌이켜보면, 그 모든 변화는 아주 짧은 한마디에서 시작되었다. 걱정으로 빽빽하게 채워져 있었고, 입 밖으로 꺼내기까지 수없이 망설였으며, 말하는 순간에도 가슴이 떨리던 그 말. 그러나 그 말 한마디는 결국 내 세상을 완전히 뒤바꿔 놓았다.

　"퇴사하겠습니다."

　그 문장을 내 입으로 말한 순간, 나는 비로소 나의 인생으로 걸어 들어가기 시작했다.

PART 3. 서른,
다시 시작

나는 부자가
될 수 있을까?

월 천만 원.

그 문장을 처음 본 순간, 눈을 스친 것이 아니라 온몸을 훅 끌어당기는 듯한 감각이 들었다. 누구든 할 수 있다고, 하루 2~3시간만 투자해도 가능하다고, 젊어서 부자가 되고 싶다면 지금 뛰어들어야 한다고 말하는 문구들은 마치 나를 정확히 겨냥한 듯했다. 그 당시에 나는 '돈을 잘 버는 사람'이 되어야만 스스로를 증명할 수 있다고 믿고 있었다. 남들보다 조금 더, 조금 빨리, 조금 크게 벌어야만 가치 있는 사람처럼 느껴질 것 같았다. 그래서 나는 주저 없이 구매대행이라는 세계로 뛰어들었다.

하지만 현실은 광고에서 보았던 매끄러운 성공 스토리와는 거리가 멀었다. 상상도 못한 디지털 노동, 생각지도 못한 리스크, 고객 CS부터 배송 문제, 환불, 세금, 플랫폼 규정까지, 하나부터 열까지 모든 책임이 판매자인 나에게 돌아왔다. 나는 분명 '노트북 하나로 여유롭게 일하는 부자'를 상상했는데, 막상 들어와 보니 수많은 문제들 속에서 허우적대며 하루하루 버티는 사람이 되어 있었다.

그렇게 허황된 마음을 품고 어떻게 하면 더 쉽게, 더 빠르게 돈을 벌 수 있을까만을 찾아 헤매다 보니 내 알고리즘 역시 점점 변해갔다. 처음에는 가볍게 스치는 정보들이었지만 어느 순간부터는 화려한 매출 스크린샷과 단 하룻밤 만에 인생이 바뀌었다는 자극적인 영상들이 끝도 없이 추천되었다. 나는 그 영상들을 보며 내가 하고 있는 방식이 잘못되었다고, 저 화면 속 사람들이야말로 무언가 비밀스러운 비법을 알고 있다고 믿었다. 그렇게 나는 지름길을 찾아 헤매는 사람처럼 묘책만을 쫓으며 끝없는 미로 속을 배회했다.

그러던 어느 날, 알고리즘은 전혀 다른 색의 영상을 하나

내 앞에 놓았다. 이전에 보았던 과장된 성공담들과는 정반대의 풍경이었다. 화면 속 사람은 하루 20시간을 일했고, 허리가 부서질 듯한 노동을 견뎠다고, 미친 듯이 모든 시간을 쏟아부어야 겨우 성과가 난다고 담담히 말했다. 남과 다른 결과를 원한다면 남과 다른 방식으로 살아야 한다고, 먼 길을 가는 사람은 결국 발을 움직여야 한다고 했다. 나는 이상하게 그 영상에서 눈을 떼지 못했다. 마치 내가 오랫동안 외면해온 현실이 조용히 내 이름을 부르는 것처럼 느껴졌다.

그렇게 자연스럽게 그의 강의를 듣게 되었다. 강의를 따라가다 보니 그의 수업은 단순히 기술이나 전략만을 다루지 않았다. 오히려 그의 인생 이야기가 그 어떤 공식보다 강력하게 내 마음속 깊은 곳을 흔들었다. 그는 자신이 얼마나 가난했는지를 숨기지 않았다. 아이에게 몇천 원짜리 핫도그 하나 사주지 못했던 날들, 아내에게 커피 한 잔 사 먹지 말라고 말하며 스스로도 죄책감에 잠 못 이루던 밤들, 생활비가 부족해 지갑보다 마음이 먼저 텅 비어가던 시간들을 차분하게 털어놓았다.

그러면서도 그는 어떻게 그 바닥에서 일어났는지, 어떻게 자신만의 방식으로 이 사업을 파고들었는지, 그리고 그 노력들이 결국 어떤 결과를 데려왔는지 들려주었다. 나는 그의 이야기를 들으며 처음으로 깨달았다. 사람들이 입을 모아 말하던 ‘누구나 할 수 있다’는 문장은 사실 노력의 양을 지워버린 마법 같은 문장이었고, 화면 속 ‘한 달 만에 천만 원’은 결코 한 달 만에 만들어지는 것이 아니었다는 것을. 그는 그 뒤에 숨겨진 시간을 가감 없이 보여주었고, 그 진실함이 오히려 내 마음을 조용히 흔들었다.

아마 나는 그 순간 처음으로 인정했던 것 같다. 진짜 변화는 자극적인 문장 속에 있는 것이 아니라, 묵묵히 일어나는 사람의 걸음 속에 있다는 것을. 그래서 나는 그의 말에서 들은 방식들을 하나씩 차근차근 내 삶 속으로 들여왔고, 눈에 보이지 않는 시간을 기초 공사하듯 차곡차곡 쌓기 시작했다. 아무도 보지 않는 자리에서, 아무도 알아주지 않는 시간 속에서, 나는 내 사업의 바닥을 다지는 일을 묵묵히 계속했다.

하지만 현실은 늘 단단해졌다고 믿은 마음을 시험하듯 예상치 못한 방향에서 찾아왔다. 적자가 나던 달, 시스템 화면에 찍힌 숫자 하나가 마음을 뒤흔드는 날들이 이어졌다. 내가 쏟아부은 시간과 노력이 그대로 결과로 드러나는 세계였기에, 매출 그래프의 작은 하락조차도 내 존재가 평가받는 것처럼 느껴졌다. 불안은 틈만 나면 내 어깨 위에 올라타 숨을 가쁘게 만들었고, 하루 종일 붙어 다니며 나를 흔들었다.

특히나 벌어들이는 금액이 많지 않았을 때 반품으로 손실까지 떠안게 되면 견디기 더 어려웠다. 겨우겨우 모아둔 이익이 단 한 번의 환불로 사라져버릴 때, 마치 내 시간이 통째로 지워지는 듯한 허탈함이 찾아왔다. 무턱대고 환불 접수를 하는 사람들, 물건이 돌아오지도 않았는데 선환불이 되어버리는 플랫폼 정책 앞에서 내가 할 수 있는 일은 고작 손실을 조용히 받아들이는 것뿐이었다. 그때마다 '사업을 한다는 건 이런 감정까지도 관리해야 하는구나' 싶은 고독함이 밀려왔다.

그러나 무엇보다 견디기 힘들었던 건, 다시 찾아온 비교의 늪이었다. 같은 시기에 사업을 시작한 대표님들의 매출 인증이 올라올 때면 심장이 먼저 철렁 내려앉았다. 그들이 내놓는 숫자들은 마치 나에게 질문을 던지는 듯했다. 나는 지금 무엇을 잘못하고 있는 걸까. 내가 재능이 없는 걸까. 내 한계가 여기까지인 걸까. 그 질문들 앞에서 나는 매번 스스로를 깎아내리며 버텼고, 사업이라는 세계가 주는 압박과 감정의 무게를 처음으로 절실하게 경험했다.

그럴 때마다 나는 두려움을 밀어내기 위해 '노력'을 선택했다. 불안을 잠재우는 가장 확실한 방법은 불안을 이길 만큼의 수고를 쌓아 올리는 것뿐이라는 사실을, 그 시절의 나는 본능처럼 알고 있었다. 그래서 모두가 잠든 새벽에 한 번 더 마우스를 클릭했고, 지친 손목을 주무르며 데이터 한 줄을 더 들여다보았다. 흔들리지 않기 위해, 도망치지 않기 위해, 나는 계속해서 전진하는 방법을 택했다.

그렇게 나는 하루에 네 시간만 자며 버텼다. 하고 싶었던 것들, 놀고 싶었던 순간들, 친구들의 연락까지도 모두 뒤로 미뤄두고 책상 한가운데 앉아 어떻게 하면 더 잘할 수 있을지, 어떻게 하면 내일은 조금 더 나아질 수 있을지 고민하며 밤을 새웠다. 모두가 잠든 시간, 나만의 조용한 전쟁터에서 나는 수없이 좌절했고, 다시 일어났고, 그러면서 조금씩 성장했다.

그 시절의 나는 누구보다 바빴지만, 정작 무엇 때문에 바쁜지 설명하기 어려운 시간이기도 했다. 그러나 지금 돌아보면 그 모든 시간들이 내 안의 두려움을 넘어서는 연습이었고, 흔들리던 마음을 단단하게 만드는 근육 같은 것이었다. 실패를 막기 위해가 아니라, 끝내 나를 이기기 위해 쌓아 올린 시간이었던 것이다.

그렇게 시간이 쌓이자 10만 원, 50만 원, 100만 원… 처음에는 장난 같은 숫자들이 어느새 '수입'이라는 이름을 갖기 시작했다. 퇴사를 결심하고 본업으로 전환한 뒤, 나는 퇴사 후 다음 달에 기존 월급을 넘어섰고, 그 다음 달에는 월급의 두 배를 기록했다. 믿기 힘들 만큼 천천히, 그러나 분명히 우상향하는 그래프를 보며 나는 처음으로 내가 선택한 길이 허상이 아니라 현실이라는 감각을 맛보았다. 그리고 결국, 손을 뻗어도 닿을 것 같지 않았던 월 천만 원이라는 숫자를 내 생애에서 직접 경험하게 되었다.

그 기간 동안 나는 단순히 '돈을 버는 사람'으로 변한 것이 아니라, 스스로를 만들어가는 시간 속에 들어가 있었다. 누구에게도 설명할 수 없던 불안과 고독을 견디며, 매일 조금씩 부서지고 또 조금씩 단단해지는 과정을 반복했다. 어떤 날은 수십 시간을 쏟아도 성과가 없었고, 또 어떤 날은 우연처럼 숫자가 튀어오르기도 했다. 희망과 절망이 하루에도 몇 번씩 교차하는 그 혼란스러운 시간 속에서 나는 점점 한 가지 사실을 배워갔다. 내가 쌓는 노력들은 결코 흩어지지 않는다는 것, 그리고 결국 나라는 사람의 방향을 바꾸는 힘은 외부의 기적이 아니라 나의 손끝에서 시작된다는 것.

부자가 되고 싶다는 욕망에서 시작한 '월 천만 원을 벌 수 있다'는 구매대행 사업은 과연 나를 부자로 만들어주었을까. 분명한 것은, 그 길이 나를 부자가 될 확률이 높은 곳으로 데려다준 건 사실이라는 점이다. 하지만 정작 내가 그 험난한 길을 견디고, 무너질 듯한 순간마다 다시 일어서며, 결국 성과라는 이름의 결실을 만들어낼 수 있었던 원동력은 돈이 아니었다는 것을 나는 뒤늦게 깨달았다.

처음에는 분명 돈이었다. 남들보다 빠르게, 더 많이, 더 화려하게 벌고 싶다는 욕망이 내 어깨를 밀어붙였고, 그 욕망이 나를 새벽으로, 밤으로, 다시 새벽으로 끌어다 놓았다. 그러나 이상하게도 그 욕망은 오래 버티지 못했다. 숫자는 내 마음을 불태우는 동시에 금세 지치게 만들었다. 성과가 나지 않으면 무너졌고, 잘되면 불안해졌다. 돈만 바라본 마음은 늘 흔들림이 많았고, 조금만 삐끗해도 나는 다시 바닥으로 떨어지는 것 같았다.

그러나 어느 순간, 나를 움직이는 이유가 조용히 바뀌고 있다는 것을 느꼈다. 더 많이 벌기 위해서가 아니라, 나라는 사람을 증명하고 싶어서. 남을 이기기 위해서가 아니라, 어제의 나를 넘어서기 위해서. 부자가 되기 위해서가 아니라, 내 인생을 스스로 만들 수 있다는 희미한 확신을 잃고 싶지 않아서 나는 그만두지 못했다. 그렇게 마음의 방향이 조금씩 달라지자, 내가 바라던 '부'의 모습도 자연스럽게 달라지기 시작했다.

어느 순간부터 나는 '부자'라는 단어를 바라보는 나의 시선도 달라졌다는 것을 깨달았다. 예전의 나는 통장 잔고가 늘어나는 속도와 매출 그래프의 기울기가 나의 가치라고 믿었다. 그러나 수많은 밤을 지나며 알게 된 것은, 부는 단순히 숫자의 총합이 아니라는 사실이었다. 누구에게 보여주기 위한 화려함이 아니라, 내가 원하는 삶을 스스로 선택할 수 있는 힘, 흔들릴 때도 나를 다시 일으켜 세울 수 있는 내적인 단단함이 진짜 '부'의 형태라는 것을 천천히 이해하게 된 것이다. 어쩌면 나는 돈을 좇으며 부자가 되려 했지만, 결국 그 과정 속에서 나 자신을 잃지 않는 법을 먼저 배우고 있었는지도 모른다.

결국 나를 여기까지 데려온 원동력은 돈이 아니라, 나 자신에 대한 신뢰였다. "나는 할 수 있다"는 믿음이 아니라, "나는 해내고 싶은 사람이다"라는 성질에 가까운, 기어이 끝까지 가보려는 마음. 그 고집 같은 마음이 나를 흔들림 속에서도 앞으로 밀어냈고, 결국 내가 원하던 삶의 문을 두드릴 용기를 만들어주었다.

그리고 그제야 나는 아주 천천히, 그러나 분명하게 대답할 수 있게 되었다. 이제 부자가 된다는 것은 단지 통장의 숫자를 키우는 일이 아니라, 나라는 사람을 스스로 일으켜 세우고, 다시 꺾이지 않도록 단단하게 다져가는 과정이라는 것을 알게 되었기 때문이다. 부자는 어느 날 갑자기 완성되는 결과가 아니라, 매일 조금씩 무너졌다가도 다시 일어나는 마음의 힘에서 시작된다는 것을 나는 이 시간을 통과하며 배웠다.

그래서 이제 나는 안다. 나는 부자가 될 수 있을까? 그래, 나는 분명히 부자가 될 수 있다. 돈 때문이 아니라, 내가 나를 잃지 않는 사람이 되었기 때문에. 그리고 스스로의 삶을 스스로 선택하는 사람이 되었기 때문에. 부는 축적의 결과가 아니라, 살아가는 태도의 방향이라는 것을 나는 이제야 비로소 이해하게 되었다.

퇴사한다, 유튜브 한다.

한때 꽤나 유명했던 직장인들의 2대 허언 같은 말이었다. 나 또한 그 문장을 입에 올리던 사람 중 하나였다는 사실을 부정하지 않겠다. 그렇기에 구매대행 사업이 조금 숨을 돌릴 수 있을 만큼 자리를 잡자마자, 나는 마치 순서라도 정해진 것처럼 유튜브를 사이드 프로젝트로 시작했다.

많은 사람들이 나를 좋아하고, 내 이야기를 귀 기울여 들어주고, 그 관심이 곧 기회가 되는 세계. 그 에너지가 나를 더 넓은 곳으로 데려다주고, 결국에는 내가 꿈꾸던 삶에 닿게 해줄 것이라 믿었다. 그렇게 나 역시 화려한 인플루언서의 길 어딘가에 자연스럽게 발을 들이게 될 것이라 생각했다.

돌이켜보면 그때의 나는, 퇴사 이후 '잘나가는 나의 모습'을 곧 나라는 사람의 가치로 착각하고 있었던 것 같다. 자유롭게 일하고, 조회수와 구독자로 증명되는 인기, 누군가에게 보여주기 좋은 삶. 나는 유튜브를 통해 나의 불안을 덮고, 동시에 나를 그럴싸한 사람으로 완성하고 싶어 했는지도 모른다.

그렇게 나는 어딘가 엉성한 편집과 어색한 말투, 끝까지 매끄럽지 못한 멘트를 그대로 안은 채 첫 영상을 완성했다. 카메라 앞에서의 나는 자연스럽지 않았고, 화면 속 목소리는 낯설 만큼 어색했지만, 그럼에도 불구하고 나는 그 영상을 세상에 올렸다. 업로드 버튼을 누르기 직전까지도 쓸데없는 상상들이 머릿속을 맴돌았다. 혹시라도 대박이 나면 어떡하지, 순식간에 유명해져서 채널이 감당할 수 없을 만큼 커지면 어쩌지 하는, 지금 생각하면 웃음이 나오는 걱정들이었다. 기대라고 부르기엔 너무 조심스러웠고, 걱정이라고 하기엔 은근한 설렘이 섞여 있었다. 그렇게 나는 아주 작은 기대 하나를 마음에 얹은 채, 첫 영상을 조심스럽게 세상에 내놓았다.

조회수 20. 그중 내가 눌러본 조회수가 다섯 번쯤 되었고, 구독자는 단 한 명이었다. 영상을 올려두고 나는 마치 주식 차트를 들여다보듯 유튜브 스튜디오 화면을 새로고침했다. 숫자가 오를지도 모른다는 설렘과, 혹시라도 갑자기 터질지 모른다는 쓸데없는 걱정을 동시에 품은 채였다. 그러나 화면 속 숫자는 놀라울 만큼 차분했고, 기대를 비웃기라도 하듯 좀처럼 움직이지 않았다. 그제야 나는 아주 익숙한 버릇을 다시 꺼내 들었다. 어떻게 하면 빠르게 키울 수 있을까, 어떤 영상이 조회수가 나올까, 어떤 썸네일과 제목을 써야 알고리즘이 나를 선택할까. 또다시 짧고 빠른 비법, 손쉽게 결과를 얻는 방법만을 찾아 헤맸다.

그렇게 다섯 번째 영상을 올렸을 무렵, 구독자는 스무 명에서 더 이상 늘지 않았다. 숫자는 멈췄고, 나의 의지도 함께 멈췄다. 결국 나는 업로드를 멈췄고, 스스로에게 그럴듯한 이유를 붙였다. 지금은 때가 아닌 것 같다고, 조금 더 준비되면 다시 시작하면 된다고. 그렇게 유튜브는 내 삶의 우선순위에서 조용히 밀려났다.

두 달이라는 시간이 흘렀다. 내가 유튜브 채널을 만들었다는 사실조차 거의 잊고 지내던 어느 날, 알림 하나가 눈에 들어왔다. 구독자 한 명이 남긴 짧은 댓글이었다. '영상 기다리고 있어요'. 그 문장은 짧았지만, 이상하게 오래 마음에 남았다. 그제야 나는 처음으로 깨달았다. 이 보잘것없는 채널에서도, 누군가는 나의 이야기를 기다리고 있었다는 사실을. 조회수와 숫자에 가려 보지 못했던 사람이, 분명히 존재하고 있었다는 것을.

그 순간 문득 이런 생각이 스쳤다. 조회수 10, 조회수 20. 유튜브 세계에서는 하찮고 보잘것없는 숫자일지 몰라도, 유튜브가 아니라면 내가 어떻게 동시에 열 명, 스무 명에게 내 이야기를 전할 수 있을까. 내가 하는 말을 들어주는 사람이 열 명이나 스무 명이나 있다는 것이 사실은 얼마나 대단한 일인데, 나는 그 숫자를 너무 쉽게 무시하고 있었던 건 아닐까. 그렇게 나는 마음을 고쳐먹었다. 적어도 영상 열 개는 올려보자고, 성과가 없더라도 그 숫자만큼은 나 자신과의 약

속으로 남겨보자고.

아홉 번째 영상을 올렸을 즈음, 구독자는 어느새 백 명을 넘어 있었다. 많다고 하기도, 적다고 하기도 애매한 숫자였지만, 그 안에는 묘한 끈끈함이 있었다. 댓글에 반복해서 등장하는 이름들, 영상 속 이야기들을 기억해주는 사람들. 나는 처음으로 화면 너머에 사람이 있다는 감각을 실감하고 있었다. 그리고 바로 그 아홉 번째 영상이, 내 채널에서 처음으로 조회수 천 회를 넘겼다.

그 기쁨이 채 가시기도 전에, 예상치 못한 일이 벌어졌다. 전 직장 동료에게 내 채널이 들켜버린 것이다. 언젠가 그럴싸해진 뒤에야 웃으며 보여주고 싶었던 채널이, 아직 다듬어지지도 않은 모습 그대로 발견되었을 때, 나는 이상할 만큼 깊은 부끄러움에 휩싸였다. 그날 밤 나는 거의 잠을 이루지 못했고, 다음 날에는 소문이 더 퍼지기 전에 채널을 아예 삭제해버려야 하나 진지하게 고민했다. 내가 세상에 내놓은 이 미완성의 모습이, 너무 적나라하게 드러난 것만 같았기 때문이다.

그날 밤, 나는 잠을 이루지 못한 채 내가 좋아하던 유튜브 채널들의 영상을 하나씩 열어보았다. 최신 영상이 아니라, 가장 처음으로 올라간 영상부터 날짜순으로 거꾸로 정렬했다. 지금은 수십만, 수백만 구독자를 가진 사람들의 채널에는 내가 상상하지 못했던 과거가 고스란히 남아 있었다. 어색하게 끊기는 말투, 카메라를 제대로 보지 못한 채 흔들리던 시선, 박자가 맞지 않는 편집과 정리되지 않은 흐름의 영상들. 그것들은 지금의 나와 너무도 닮아 있어서, 이상하게 눈을 뗄 수가 없었다.

그제야 나는 깨달았다. 모두가 이렇게 시작했구나. 처음부터 잘하는 사람은 없었고, 처음부터 자연스러운 사람도 없었다. 모두가 하찮아 보이는 출발선 위에 서 있었고, 그 초라한 순간을 견딘 사람만이 다음 장면으로 넘어갈 수 있었던 것이다. 성장과 발전은 재능의 문제가 아니라, 부끄러움을 버티는 시간의 문제라는 사실이 그날 밤 내 안에 또렷하게 자리 잡았다.

나는 다시 한번 익숙한 결론에 도달했다. 이 감정을 이겨내는 방법은 도망치는 것이 아니라, 더 오래 머무는 것이라는 사실. 부끄러움을 없애는 가장 확실한 방법은 그것을 피하는 것이 아니라, 그 상태로 계속해보는 것이라는 것을 나는 이미 여러 번의 인생에서 배워왔었다. 유튜브 역시 예외는 아니었다.

그래서 나는 방향을 바꾸기로 했다. 멋진 결과를 보여주기 위한 영상이 아니라, 아직 멋지지 않은 나의 과정을 그대로 담아보자고. 성공한 이야기가 아니라, 깨지고 실패하고 좌절했던 순간들을 숨기지 않고 꺼내놓기로 했다. 그렇게 나는 직장인 시절 몰래 시작했던 부업 이야기, 회사 안에서 겪었던 우울과 불안의 기록들, 초라한 월급에서 출발해 한 걸음씩 수입을 만들어가던 나의 현실적인 이야기들을 영상으로 만들기 시작했다.

이상하게도 그때부터였다. 내가 무엇을 보여주면 반응이 오는지가 아니라, 내가 어떤 이야기를 할 때 숨이 덜 막히는지를 기준으로 영상을 만들기 시작한 순간, 채널은 조금씩 다른 방향으로 움직이기 시작했다. 사람들은 완성된 답이 아니라, 흔들리는 과정에 더 오래 머물렀고, 잘난 조언보다 솔직한 실패 앞에서 댓글을 남겼다.

그렇게 나는 천천히 알게 되었다. 사람들이 나에게 원하고 있던 것은 대단한 비법도, 빠른 성공도 아니었다. 그저 혼자만 그런 줄 알았던 마음을 대신 말해주는 목소리, 이미 겪어본 사람의 솔직한 기록이었다는 것을. 그리고 동시에, 나 역시 어떤 이야기를 하고 싶었는지를 비로소 분명하게 알게 되었다.

그 결과는 생각보다 조용히 찾아왔다. 구독자 천 명, 이천 명, 그리고 어느 순간에는 만 명이라는 숫자가 화면에 떠 있었다. 숫자는 커졌지만, 그보다 더 크게 느껴졌던 것은 내 이야기를 기다리는 사람들이 실제로 존재한다는 감각이었다. 나는 더 이상 혼자 중얼거리는 사람이 아니었고, 누군가의 하루 어딘가에 닿는 목소리가 되어가고 있었다.

유튜브를 하며 가장 크게 달라진 것은 숫자가 아니라 나 자신이었다. 조회수나 구독자 수보다도, 카메라 앞에서 말을 꺼내는 내 태도가 조금씩 변하고 있다는 사실이 더 선명하게 느껴졌다. 처음에는 대본을 붙들고도 한 문장을 제대로 끝내지 못하던 내가, 어느 순간부터는 멈추지 않고 내 이야기를 이어가고 있었다. 말이 유려해진 것도, 표현이 세련돼진 것도 아니었다. 다만 예전처럼 나를 검열하지 않게 되었을 뿐이었다.

카메라는 이상한 도구였다. 혼자 방 안에 앉아 있는데도 누군가에게 들키는 기분이 들었고, 동시에 그 누구에게도 방해받지 않기도 했다. 나는 그 앞에서 처음으로 실패한 나, 초라한 나, 흔들리던 나를 그대로 꺼내놓기 시작했다. 그리고 놀랍게도, 사람들은 그런 이야기 앞에서 떠나지 않았록. 오히려 그 순간에 더 오래 머물렀고, 더 많은 말을 건넸다.

댓글창은 어느새 나만의 기록장이 되었다. 누군가는 내 영상을 보며 오늘 하루를 버텼다고 했고, 누군가는 혼자만 그런 줄 알았던 마음이 위로가 되었다고 말했다. 그 문장들을 읽을 때마다 나는 이상한 책임감을 느꼈다. 잘해야 한다는 부담이 아니라, 도망치지 말아야겠다는 다짐에 가까운 감정이었다. 적어도 내가 겪은 시간을 거짓으로 포장하지는 말자는 마음, 아직 정답을 찾지 못했더라도 과정만큼은 숨기지 말자는 마음이 점점 단단해졌다.

그러면서 나는 깨닫게 되었다. 유튜브는 나를 유명하게 만들어주는 도구가 아니라, 나를 솔직하게 만들어주는 장치였다는 것을. 카메라 앞에서 멋진 사람이 되려고 애쓸수록 더 어색해졌고, 반대로 있는 그대로의 이야기를 할수록 더 많은 사람들이 남았다. 그 사실은 내가 그동안 살아온 방식 전체를 돌아보게 만들었다.

회사에서도, 사업에서도, 인간관계에서도 나는 늘 '그럴싸한 모습'을 먼저 만들어놓고 그 안에 나를 끼워 맞추려 했었다. 잘 버티는 사람, 능력 있는 사람, 흔들리지 않는 사람처럼 보이기 위해 애썼다. 하지만 유튜브 앞에서는 그 방식이 통하지 않았다. 오히려 부서진 순간, 망설이던 선택, 실패했던 기록들이 나를 사람으로 보이게 만들었다.

그때부터였다. 나는 더 이상 유튜브를 성공을 위한 수단으로만 바라보지 않게 되었다. 이 채널은 나의 결과물이 아니라, 나의 현재를 담는 공간이 되었고, 동시에 내가 어떤 사람으로 살아가고 싶은지를 스스로에게 증명하는 장소가 되었다. 매주 영상을 올린다는 것은 단순한 콘텐츠 생산이 아니라, 나 자신에게 도망치지 않겠다는 약속에 가까웠다.

어쩌면, 유튜브가 나를 대단한 유명인으로 만들어주지는 못할지도 모른다. 하지만 분명한 것은, 유튜브가 나를 더 나답게 만들었다는 사실이다. 남의 기준에 맞춘 삶이 아니라,

내가 선택한 이야기로 살아가는 연습을 하게 해주었고, 그 과정 속에서 나는 처음으로 '보여주기 위한 인생'이 아닌 '살아내는 인생'을 만들어가고 있었다.

그래서 나는 여전히 카메라 앞에 앉아 조심스럽게 말을 건다. 저기, 내 이야기 들어볼래?

빨리 가려면 혼자 가고, 멀리 가려면 함께 가라.

나는 늘 빠르게 가고 싶어 하는 사람이었다. 남들보다 앞서야 했고, 남들보다 잘해야 안심이 되는 사람이었다. 그래서 누군가와 함께 간다는 선택에는 큰 가치를 두지 않았다. 함께 가는 길은 늘 느려 보였고, 그 느림은 내게 패배처럼 느껴졌다.

나는 경쟁에 익숙했고, 비교 속에서 나를 증명하는 방식에 길들여져 있었다. 남들을 딛고 올라서야 내가 선명해진다고 믿었고, 그래서 '함께'라는 단어는 내 인생에서 언제나 우선순위가 낮았다. 나 혼자 충분히 잘해낼 수 있다고, 아니 잘해내야만 한다고 생각했으니까.

나는 러닝을 하면서도 여전히 혼자였다. 10km를 뛸 때도, 그보다 짧은 거리에서도 내 관심은 오직 기록에만 있었다. 오늘은 몇 분을 줄였는지, 페이스는 얼마나 유지했는지, 심박은 안정적인지. 달리는 동안에도 나는 나 자신을 끊임없이 채점했고, 혼자 연습하며 혼자 기준을 세우고 혼자 만족했다. 그렇게 기록에 집착하듯 매달린 끝에, 가장 큰 대회에서 여자 상위 3%라는 타이틀을 얻었다. 그 숫자는 내가 혼자서도 충분히 잘해낼 수 있는 사람이라는 증거처럼 느껴졌다.

그 성과는 나를 멈추게 하지 않았다. 오히려 더 멀리 가고 싶어졌다. 그렇게 나는 하프 마라톤에 도전했다. 10km는 이미 익숙한 거리였고, 15km까지도 '버틸 수 있다'는 감각은 있었다. 그런데 이상하게도, 매번 15km를 넘어가는 순간부터 몸이 말을 듣지 않았다. 숨은 가빠졌고, 다리는 점점 무거워졌으며, 마음은 먼저 포기하자는 신호를 보내기 시작했다. 훈련을 더 늘려도, 기록을 분석해도 결과는 크게 달라지지 않았다. 나는 그 지점에서 계속해서 낙오되었다.

그때까지도 나는 이 문제를 혼자의 문제로만 받아들였다. 내가 부족해서, 내가 약해서, 내가 아직 준비되지 않아서 그렇다고 생각했다. 그래서 더 혼자 달렸고, 더 혼자 견뎠다. 하지만 이상하게도 거리는 줄어들지 않았고, 매번 같은 지점에서 멈춰 서는 나 자신을 마주해야 했다. 혼자서 끝까지 가겠다는 고집은 점점 나를 지치게 만들고 있었다.

그러다 우연히 러닝 크루와 함께 달리게 되었다. 특별한 기대는 없었다. 누군가와 함께 달린다고 해서 내 기록이 갑자기 좋아질 거라고 생각하지도 않았다. 그런데 그날, 나는 이전과 전혀 다른 경험을 했다. 옆에서 같은 속도로 숨을 고르며 달리는 사람들, 말 한마디 나누지 않아도 자연스럽게 맞춰지는 보폭, 누군가 조금 느려질 때 함께 페이스를 조절해주는 묵묵한 배려. 이상하리만큼, 그날은 힘들다는 생각이 덜 들었다.

15km를 넘기는 순간이 왔을 때도 마찬가지였다. 이전 같았으면 마음부터 무너졌을 거리에서, 나는 여전히 달리고 있었다. 누가 나를 끌어준 것도 아니었고, 특별한 응원을 받

은 것도 아니었다. 다만 옆에서 같이 달리는 사람이 있다는 사실만으로, 멈추지 않아도 된다는 확신이 생겼다. 아무 말도 하지 않아도, 혼자가 아니라는 감각 하나만으로도 몸은 다시 앞으로 나아갔다.

그때 처음으로 깨달았다. 빨리 가는 데에는 혼자도 충분하지만, 멀리 가는 데에는 혼자로는 부족하다는 것을. 나는 그동안 끝까지 가지 못했던 이유가 체력이나 의지의 문제가 아니라, 늘 혼자서만 버티려 했기 때문이라는 사실을 그날에서야 알게 되었다.

그 경험은 러닝에서만의 깨달음이 아니었다. 내 삶 전체를 관통하는 문장이 되었다. 나는 늘 빠르게 가는 데만 집중해왔고, 그래서 혼자가 되는 선택을 당연하게 여겨왔다. 하지만 하프 마라톤의 그 15km 이후처럼, 인생에도 반드시 혼자서는 넘기 힘든 구간들이 존재했다. 그리고 그 구간을 통과하게 만드는 힘은 의외로 대단한 무언가가 아니라, 그저 옆에 누군가 함께 가고 있다는 사실 하나일지도 모른다는 것을.

마라톤에서 기록에 집착하며 혼자 달리던 시절이 있었다

면, 직장인 시절의 나는 시간에 쫓기며 하루를 쪼개 쓰던 사람이었다. 회사 밖의 삶을 준비하고 싶다는 마음 하나로, 나는 늘 하루를 남들보다 조금 더 일찍 시작하고 조금 더 늦게 끝냈다. 출근 시간보다 한참 일찍 회사 근처 라운지에 도착해 책을 펼쳤고, 점심시간에는 식사를 서둘러 마친 뒤 노트에 글을 썼다. 퇴근 후에는 운동을 했고, 집에 돌아와서는 다시 노트북을 열어 부업을 붙잡았다. 그때의 나는 늘 숨이 가빴고, 늘 어딘가로 늦고 있는 사람 같았다.

운동, 독서, 자기계발, 그리고 직장 밖의 삶을 준비하는 일들. 어느 하나도 당장 눈에 보이는 결과를 가져다주지는 않았다. 그래서 나는 수없이 흔들렸다. 이렇게까지 애쓰고 있는데 정말 달라지는 게 맞을까, 남들은 퇴근 후 쉬고 있는데 나는 왜 또 무언가를 하고 있을까, 이 모든 시간이 나중에 정말 의미가 있을까. 결과가 느리게 오는 자기계발은 생각보다 훨씬 잔인했다. 성과가 없는 날이 쌓일수록, 나는 내가 잘못된 방향으로 가고 있는 건 아닐지 스스로를 의심하게 되었다.

그 과정에서 나는 종종 주변의 시선과 마주쳤다. 왜 그렇게까지 피곤하게 사느냐는 말, 지금도 충분히 괜찮은데 뭘 더 하려고 하느냐는 반응들. 누군가는 나를 유난 떤다고 했고, 누군가는 지나치게 앞서간다고 말했다. 하지만 이상하게도, 그 말들 속에서는 나를 이해하려는 기색보다는 불편함이 더 느껴졌다. 마치 내가 다른 속도로 살아가는 것 자체가 주변의 리듬을 깨뜨리는 것처럼 느껴졌다.

그때 깨달았다. 내가 외로웠던 이유는 내가 혼자여서가 아니라, 나와 비슷한 방향을 바라보는 사람들 속에 있지 않았기 때문이라는 것을. 혼자서 버티는 데에는 한계가 있었고, 혼자서만 계속 나아가려는 방식은 결국 다시 나를 지치게 만들었다. 마라톤에서 혼자 기록을 쫓다 멈춰 섰던 것처럼, 삶에서도 나는 같은 지점에서 숨이 가빠지고 있었다.

그래서 나는 생각했다. 계속 이런 삶을 살고 싶다면, 나와 같은 방향으로 걷는 사람들 곁에 있어야겠다고. 빨리 가는 방법은 여전히 혼자일 수 있지만, 멀리 가려면 함께여야 한다는 사실을 그제야 받아들이게 되었다. 그리고 그 깨달음이, 내가 '함께 해보자'는 말을 처음으로 꺼내게 된 시작이었다.

그렇게 나는 유튜버들이 운영하는 자기계발 커뮤니티들에 참여하기 시작했다. 매일 계획을 세우고 실천하는 커뮤니티, 매일 같은 주제로 글을 쓰고 서로의 글을 읽는 글쓰기 커뮤니티. 그곳은 누군가를 가르치기 위한 공간이기보다, 각자의 하루를 증명해 보이는 사람들이 모여 있는 장소에 가까웠다. 나는 그곳에서 처음으로, 끝도 없이 나를 갉아먹던 자기 의심에서 잠시 숨을 고를 수 있었다. 혼자서만 버티며 흔들릴 때는 몰랐던 감정들이, 누군가와 나란히 서 있으니 조금씩 잠잠해지기 시작했다.

매일 계획을 세우고 실천을 인증하던 커뮤니티에서는 이상하리만큼 따뜻한 공기가 흐르고 있었다. 누군가 목표를 달성하면 모두가 자기 일처럼 기뻐했고, 성과가 잘 나지 않는 날에도 그 사람을 몰아붙이기보다 "괜찮다"는 말이 먼저 나왔다. 인증이 올라오지 않는 날이 이어지면, 오늘 무슨 일이 있었는지 묻는 메시지가 자연스럽게 이어졌고, 매주 온라인으로 모여 이번 주는 어땠는지, 무엇이 어려웠는지를 나누는 시간 속에서 나는 점점 안심하게 되었다. 내가 선택한 이 길이 틀린 것이 아니라, 단지 시간이 필요한 길일 뿐이라는 확신이 그곳에서 조금씩 자라났다.

매일 같은 주제로 글을 쓰던 글쓰기 커뮤니티에서는 또 다른 종류의 위로를 경험했다. 평소에는 꺼내기조차 망설였던 생각들, 내가 유별나게 뒤처진 건 아닐지, 인생을 잘못 살아온 건 아닐지 하는 솔직한 문장들이 그곳에서는 낯설지 않았다. 내가 적어 내려간 고민과 불안은 놀랍게도 다른 사람들의 글 속에도 고스란히 담겨 있었고, 그 사실만으로도 나는 깊은 안도를 느꼈다. 그때 처음으로 깨달았다. 문제는 내가 이상한 사람이어서가 아니라, 나와 다른 결의 사람들 속에서 혼자 버티고 있었던 것뿐이었다는 것을.

그 경험을 통해 나는 분명하게 알게 되었다. 결이 비슷한 사람들이 모인다는 것은 단순히 편안함의 문제가 아니라, 삶을 계속 이어갈 수 있게 만드는 중요한 조건이라는 것을. 혼자일 때는 쉽게 의심하게 되는 선택들도, 함께일 때는 끝까지 가져가 볼 용기가 생긴다는 것을. 그렇게 나는 비로소, 함께 간다는 것이 느려지는 일이 아니라 오히려 멀리 가기 위한 준비라는 사실을 몸으로 배우고 있었다.

그래서 나는 어느 순간부터 막연한 바람 하나를 품게 되었다. 누군가가 만들어놓은 공간에 참여하는 사람이 아니라, 과거의 나처럼 흔들리고 있는 사람들을 위해 자리를 내어주는 사람이 되고 싶다는 생각이었다. 방향을 잃고 헤매던 시절의 나는 늘 누군가의 인증 한 줄, 응원의 말 한마디에 하루를 다시 붙잡았는데, 그 고마움을 너무 늦게 깨달았다는 생각이 들었다. 그때의 나에게 가장 필요했던 건 대단한 조언이나 성공 공식이 아니라, 같은 방향을 보고 걷고 있다는 감각 하나였다는 것도 함께 알게 되었다.

회사에 다니며 혼자서 준비하던 시간들은 늘 외로움과 함께였다. 출근 전 라운지에서 책을 읽고, 점심시간에 글을 쓰고, 퇴근 후 운동과 부업을 이어가던 나는 어딘가 늘 어긋나 있는 사람처럼 보였다. 빠르게 성과가 드러나지 않는 자기계발을 붙잡고 있다는 이유로, 피곤한 사람, 너무 애쓰는 사람, 굳이 그렇게까지 해야 하냐는 시선을 받는 일도 많았다. 그럴 때마다 나는 내가 틀린 선택을 하고 있는 건 아닐지, 괜히 인생을 어렵게 만드는 건 아닐지 스스로를 의심했다.

하지만 커뮤니티 안에서의 시간은 전혀 달랐다. 같은 목표를 가진 사람들과 하루의 계획을 나누고, 작은 실천을 기록하고, 실패한 날조차 솔직하게 털어놓을 수 있는 그 공간에서는 아무도 나를 재촉하지 않았고, 아무도 나를 이상하게 보지 않았다. 그저 각자의 속도로, 각자의 자리에서 최선을 다하고 있을 뿐이라는 사실이 당연하게 받아들여졌다. 나는 그 안에서 처음으로 '내가 너무 느린 게 아니라, 혼자였을 뿐이었구나'라는 생각을 하게 되었다.

그때부터였다. 언젠가는 나도 이런 공간을 만들고 싶다고 생각한 것이. 빠르게 결과를 내지 못해도 괜찮은 곳, 오늘 조금 무너져도 다시 돌아올 수 있는 곳, 누군가의 성과를 질투가 아니라 진심으로 축하할 수 있는 분위기. 서로를 끌어당겨 경쟁시키는 공간이 아니라, 나란히 서서 끝까지 가게 만드는 공간을 만들고 싶었다. 빨리 가고 싶어서 혼자 달려왔던 내가, 결국 멀리 가기 위해 함께 가는 방법을 배운 순간이었다.

그래서 나는 결심했다. 나 혼자 잘되기 위해 애쓰는 사람이 아니라, 비슷한 결을 가진 사람들이 서로를 놓지 않도록 돕는 사람이 되기로. 누군가에게는 아주 사소한 응원 하나가, 누군가에게는 다시 일어설 수 있는 이유가 될 수 있다는 것을 이미 경험했기 때문이다. 그렇게 커뮤니티는 사업이나 콘텐츠가 아니라, 과거의 나에게 보내는 답장 같은 형태로 내 삶에 들어오게 되었다.

그렇게 나는 혼자서 빨리 가는 법이 아니라, 함께 멀리 가는 법을 배우며 내가 만든 커뮤니티에서 사람들과 같이 가고 있다.

디지털 노마드가 되다

디지털 노마드.

인터넷과 디지털 기기를 활용해 장소에 구애받지 않고 일하며 살아가는 사람. 한때는 잡힐 듯 잡히지 않을 것 같던, 그래서 더 허공에 가까웠던 단어였다. 나에게도 그런 삶이 가능할 거라 상상해 본 적은 있었지만, 그것이 현실이 될 거라고는 쉽게 믿지 못했다. 수많은 시행착오와 실패를 거치며, 하나씩 모든 일을 온라인으로 옮겨 놓은 끝에 나는 어느 순간 깨닫게 되었다. 이제 나는 시간을 정해 출근하지 않아도 되고, 특정한 장소에 몸을 묶어 두지 않아도 된다는 사실을. 그렇게 나는 비로소, 내가 원하는 시간에 내가 원하는 방식으로 일할 수 있는 자유를 손에 쥐게 되었다.

그 순간부터 풍경이 달라졌다. 그토록 원해왔던 서울 중심의 집, 호텔 같은 오피스텔은 더 이상 '성공의 상징'이 아니었다. 그저 내가 잠을 자고, 밥을 먹고, 일을 하는 하나의 공간일 뿐이었다. 넓지도, 특별하지도 않은 그곳은 더 이상 나를 증명해주지 않았고, 나 역시 그 공간에 나를 맞추려 애쓰지 않게 되었다. 장소는 목적이 아니라 배경이 되었고, 삶은 비로소 나의 것이 되기 시작했다.

나는 그제야 내가 디지털 노마드가 되었다는 사실을 실감했다. 그리고 더 이상 한 곳에 나를 고정하지 않기로 했다. 여러 도시를 살아보며, 잠시 머물고, 다시 떠나며, 내가 어떤 공간에서 숨이 편해지는 사람인지 직접 확인해보고 싶어졌다. 어디가 좋아 보이는지가 아니라, 어디에서 내가 나답게 살아갈 수 있는지를 기준으로 삶의 자리를 고르고 싶어졌다. 그렇게 나는 처음으로, 앞으로 살고 싶은 곳을 '선택'하는 사람이 되기로 결심했다.

그렇게 나는 한 곳에 머물지 않고 여러 풍경 속에서 일을 해보았다. 바다가 창밖에 펼쳐진 자리에서 파도 소리를 들으며 노트북을 열기도 했고, 산이 보이는 조용한 숙소에서는 계절이 바뀌는 속도를 바라보며 하루를 보냈다. 어떤 날에는 맛있는 커피 한 잔을 앞에 두고 분위기 좋은 카페 구석에 앉아 일을 했고, 또 어떤 날에는 세련된 도시의 공유 오피스에서 낯선 사람들 사이에 섞여 키보드를 두드렸다. 장소는 매번 달랐지만, 공통된 사실 하나는 분명했다. 어디에서 일하든, 그 선택이 더 이상 남에게 보여주기 위한 것이 아니라 내가 숨 쉬기 편한 쪽으로 향하고 있다는 것이었다.

그러다 나는 더 큰 세상으로 나가고 싶어졌다. 익숙한 도시와 언어를 벗어나, 국내가 아닌 해외에서 살아 보는 삶. 더 다양한 이야기를 듣고, 더 많은 표정과 방식으로 살아가는 사람들을 가까이에서 보고 싶었다. 화면 속에서만 소비하던 세계가 아니라, 내 일상의 배경으로 존재하는 세계 속으로 들어가고 싶었다.

하지만 결심과는 달리 발걸음은 쉽게 떨어지지 않았다. 떠나기 위해서는 정리해야 할 집이 있었고, 나라를 옮기기 위해서는 비자를 알아봐야 했으며, 비행기 티켓과 숙소, 생활비와 보험 같은 현실적인 목록들이 끝없이 따라붙었다. 하나하나 따져보면 모두 당연한 준비들이었지만, 그 당연함들이 이상할 만큼 나를 짓눌렀다. 자유롭게 일할 수 있게 되었는데도, 정작 어디로도 떠나지 못한 채 나는 다시 제자리에서 맴돌고 있었다.

그래서 나는 더 이상 '완벽한 때'를 기다리지 않기로 했다. 준비가 끝난 다음에 움직이는 사람이 아니라, 움직이면서 준비하는 사람이 되기로 했다. 돌아보면 내 인생에서 의미 있었던 선택들은 언제나 완벽해서가 아니라, 조금은 무모한 상태에서 시작된 것들이었다. 충분히 잘할 수 있어서가 아니라, 더 미루면 영영 하지 못할 것 같아서 내렸던 결정들. 그때마다 나는 우당탕 넘어지면서도 결국 그 방향으로 나를 밀어냈고, 그 선택들은 늘 나를 조금 더 넓은 곳으로 데려갔다.

그렇다면, 어디로 떠날 것인가.

이 질문 앞에서 나는 처음으로 시간을 기준으로 생각해보기 시작했다. 지금이 아니면 갈 수 없는 곳은 어디일까. 나이가 조금 더 들면, 책임이 늘어나면, 선택지에서 자연스럽게 사라질 나라. 그렇게 하나씩 지워 가다 보니 남은 곳은 호주였다. 만 나이 서른까지 비교적 수월하게 워킹홀리데이 비자를 받을 수 있는 거의 마지막 나라. 지금이 아니면 다시는 이런 방식으로는 갈 수 없는 곳이라는 사실이, 이상하게도 나를 단단하게 붙잡았다.

그리고 솔직히 말하자면, 그곳에는 오래된 동경이 있었다. 대학생 시절, 교환학생과 워홀 이야기를 들으며 막연히 떠올리던 나라. 끝없이 펼쳐진 바다와 하늘, 나와는 전혀 다른 속도로 살아가는 사람들의 풍경. 그때의 나는 현실이라는 이유로 그 상상을 접어두었지만, 그 장면들은 마음 한쪽에 오래 남아 있었다. 호주는 나에게 성공하러 가는 나라라기보다는, 잘하지 않아도 괜찮을 것 같은 나라, 나를 증명하지 않아도 되는 곳처럼 느껴졌다.

그날 밤, 나는 노트북을 켜고 항공권 검색창을 열었다. 목적지는 더 이상 흐릿하지 않았고, 일정도 완벽하지 않았지만 손은 멈추지 않았다. 날짜를 고르고, 좌석을 확인하고, 결제 버튼 앞에서 잠시 숨을 고른 뒤 그대로 눌렀다. 클릭 한 번으로 내 삶이 당장 바뀌는 건 아니었지만, 그 클릭은 분명히 방향을 바꾸고 있었다. 떠난다는 사실보다도, 드디어 미루지 않았다는 사실이 나를 조금 가볍게 만들었다.

티켓을 끊고 나서야 현실이 따라왔다. 비자를 알아보고, 숙소를 찾고, 필요한 서류와 짐 목록을 하나씩 적어 내려갔다. 신기하게도 그동안 나를 짓눌렀던 막연한 두려움은 사라지고, 대신 오늘 해야 할 일들이 생겼다. 떠나기로 결정하자 불안은 사라진 게 아니라 형태를 바꿨다. 걱정은 여전히 있었지만, 그 걱정은 더 이상 나를 멈추게 하지 않았다.

그제야 나는 깨달았다. 나를 붙잡고 있던 건 영어 실력도, 해외 경험의 부족도 아니었다. 결국 나를 가장 오래 가두고 있던 건 아직은 아니라는 말, 지금은 때가 아니라는 나 자신의 판단이었다. 그렇게 나는 다시 한 번 확인했다. 인생에서 가장 무거운 짐은 실패가 아니라, 시도하지 않았다는 사실이라는 것을.

그래서 이번에는 다르게 살고 싶었다. 잘하지 못해도, 어색해도, 도망치지 않고 그 자리에 서 있는 나를 보고 싶었다. 완벽한 디지털 노마드가 아니라, 서툴지만 계속 움직이는 디지털 노마드로 시작하고 싶었다. 그렇게 나는 또 한 번, 생각이 아니라 행동으로 내 삶을 다음 장으로 넘기고 있었다.

그렇게 나는 한때 나에게 트로피 같았던 집을 정리했다. 이 집은 내가 사회에서 버텨냈다는 증거였고, 그럴싸한 어른이 되었다고 스스로에게 내밀 수 있었던 작은 훈장이었다. 물건을 하나씩 꺼내고 정리할수록, 이 공간에 쌓여 있던 시간과 감정들이 함께 정리되는 것 같아 묘한 기분이 들었다. 오래 함께할 거라 믿었던 가구들을 처분하고, 아끼던 물건들을 나누며, 나는 처음으로 '비운다'는 선택을 하고 있었다. 채우기 위해서가 아니라, 다시 살아보기 위해서.

그리고 마침내, 나는 정말로 혼자 호주로 향하는 비행기에 올랐다. 그때의 감정은 아직도 선명하다. 두려움보다 설렘이 앞섰다기보다는, 두 감정이 동시에 가슴 한가운데서 부딪히고 있었다. 아, 정말 인생의 새로운 챕터가 열리는구나. 상상 속에서만 맴돌던 삶을, 결국 현실로 옮기고 있구나. 누군가의 기대나 시선이 아니라, 내가 차곡차곡 쌓아온 선택들을 정리하고, 내 기준으로 다음 장을 열고 있구나. 그날 비행기 안에서 느꼈던 그 묘한 벅참과 고요는 아직도 잊히지 않는다.

그렇게 열 시간이 넘는 비행 끝에, 말도 완전히 통하지 않는 나라에 도착했다. 커다란 캐리어 두 개와 노트북 가방을 등에 멘 채, 나는 호주라는 낯선 땅에 혼자 서 있었다. 익숙한 것들은 모두 뒤에 두고, 이제부터는 모든 것이 처음인 곳. 그 순간 나는 알았다. 나는 여행을 온 것이 아니라, 정말로 삶을 옮겨온 것이었다.

임시로 머물 숙소에 도착하자 고요가 먼저 나를 덮쳤다. 낯선 공기, 텅 빈 공간, 쉽게 이어지지 않는 대화 속에서 '아, 이제 진짜 혼자구나'라는 감각이 현실처럼 다가왔다. 당장 살아야 한다는 생각이 머릿속을 빠르게 훑고 지나갔다. 살 집을 알아봐야 했고, 앞으로의 생활을 계획해야 했고, 모든 선택을 오롯이 혼자 해야 했다. 마음이 급해질수록 숨은 더 가빠졌고, 솔직히 말하면 그 순간 스스로에게 이런 질문을 던지고 있었다. 내가 지금 대체 무슨 짓을 한 거지.

그렇게 가만히 있으면 더 무너질 것 같아, 나는 어두운 숙소를 벗어나 밖으로 나갔다. 근처 편의점에 들러 감자칩 하나와 이온음료 하나를 집어 들었고, 별다른 목적지도 없이 숙소 근처 공원으로 향했다. 그리고 그곳에서 처음으로, 내가 상상으로만 그려왔던 호주의 풍경과 마주했다. 끝없이 펼쳐진 새파란 하늘, 눈이 시릴 만큼 푸른 잔디밭, 그 위를 자유롭게 뛰노는 강아지들, 돗자리 하나 없이 그대로 누워 햇볕을 즐기는 사람들. 그 풍경은 설명이 필요 없을 만큼 평화로웠다.

이상하게도 그 순간, 조금 전까지 나를 짓누르던 두려움이 서서히 옅어졌다. 한국에서는 쉽게 느껴본 적 없던 맑은 하늘의 색과 건조한 공기의 촉감, 소란 없이 흘러가는 저녁의 풍경을 바라보며 나는 처음으로 이런 생각을 했다. 어떻게 살아야 할지는 아직 모르겠지만, 그래도 잘 살아낼 수 있을 것 같다는 막연하지만 단단한 감각. 그날 나는 깨달았다. 고작 날씨와 풍경 같은 사소한 요소 하나가 사람에게 다시 살아갈 용기를 줄 수 있다는 것을. 그리고 그 용기는 생각보다 조용한 순간에 찾아온다는 것도.

그렇게 나는 차근차근 호주에서 살아가기 위한 일들을 처리해 나갔다. 휴대폰 번호를 개통하고, 은행 계좌를 만들고, 살 집을 알아보고, 다시 짐을 옮겨 이사를 했다. 아주 사소해 보이는 행정 절차 하나하나가 그 나라에서 '살아가는 사람'

으로 나를 조금씩 자리 잡게 만들었다. 관광객이 아니라 거주자가 되는 과정은 생각보다 현실적이었고, 그래서 더 진짜 같았다.

집을 옮겨 다니며 나는 장소에 따라 다른 하루를 살기 시작했다. 어떤 날은 바다가 보이는 곳에서 노트북을 열었고, 어떤 날은 나무가 우거진 공원 근처 카페에서 일을 했다. 지역 축제가 열리면 계획 없이 발걸음을 옮겼고, 투어에 참여해 처음 만난 사람들과 어색하게 웃으며 대화를 나눴고, 파티에 초대받아 서툰 영어로 내 이야기를 꺼냈다. 그렇게 나는 '호주에서만 할 수 있는 일들'을 찾아 나서기보다는, 그곳에서 자연스럽게만 살아보려고 했다.

그 과정에서 만난 사람들은 모두 조금씩 달랐다. 국적도, 나이도, 살아온 배경도 제각각이었고, 그만큼 인생을 바라보는 방식도 달랐다. 누군가는 일보다 삶을 우선했고, 누군가는 오늘의 즐거움을 위해 내일을 유연하게 열어두고 있었으며, 또 누군가는 아주 느린 속도로 자신의 길을 가고 있었다. 그들을 보며 나는 처음으로 깨달았다. 내가 그동안 너무 좁은 기준 안에서 사람을 판단하고, 삶을 재단해왔다는 사실을.

　호주에서의 삶은 단순히 내가 동경하던 '자유로운 로망'을 실현해주는 공간이 아니었다. 오히려 그곳은 내가 얼마나 작은 우물 안에서 세상을 바라보고 있었는지를 정면으로 보여주는 장소였다. 내가 당연하다고 믿어왔던 가치관들, 성공의 기준, 열심히 살아야 한다는 압박, 서른이라는 나이에 대한 불안까지도 다시 질문하게 만들었다. 정말 이게 내가 원하던 삶일까, 아니면 익숙해서 붙들고 있던 삶일까, 그런 질문들이 매일같이 나를 찾아왔다.

　그렇게 나는 다시 한 번 나라는 사람을 정의해보는 시간을 살고 있었다. 무엇을 중요하게 여기는지, 어떤 속도로 살고 싶은지, 무엇을 붙잡아야 하고, 무엇을 내려놓아도 되는지. 실패해도 괜찮은 선택과, 실패해서는 안 된다고 믿어왔던 선택의 경계가 조금씩 흐려졌다. 대신 '내가 감당할 수 있는 삶'과 '내가 살아보고 싶은 삶'의 기준이 생겨나기 시작했다.

　그제야 나는 깨달았다. 디지털 노마드는 단순히 장소를 옮겨 다니며 일하는 사람이 아니라, 삶을 설계하는 방식을 스스로 선택하는 사람이었다는 것을. 어디에서 일하느냐보다, 어떻게 살고 싶으냐를 먼저 묻는 삶. 그렇게 나는 새로운 나라에서 새로운 일상을 살며, 디지털 노마드라는 방식을 빌려 내 인생의 다음 장을 조용히 써 내려가고 있었다.

PART 4. 남에게 정답,
나에게 오답

"얼굴은 미인상이신데 살은 좀 빼셔야 할 것 같아요." "코 성형은 하시면 좋을 것 같습니다."

호주에서 지내던 어느 날, 아무 생각 없이 유튜브 알림을 열었다가 그런 문장들과 마주했다. 낯설지 않은 말들이었다. 오히려 익숙하다는 표현이 더 정확했다. 한국에 있을 때의 나는 잠깐 집 앞에 나갈 일만 있어도 화장을 했고, 살을 빼야 한다는 말을 마치 인사처럼 입에 달고 살았다. 거울을 볼 때마다 오늘은 얼굴이 부어 보인다, 어제보다 살이 찐 것 같다는 말을 혼잣말처럼 반복했고, 누군가의 시선이 닿기 전에 이미 나 스스로를 먼저 평가하고 있었다. 그래서 저 댓글 속 문장들 앞에서도 나는 놀라지 않았다. 불쾌해하기는커녕, 나 역시 고개를 끄덕이고 있었기 때문이다. 그 말들은 누군가의 공격이나 의견이 아니라, 이미 오래전부터 내가 나에게 해오던 말들과 정확히 같은 결을 가지고 있었다.

나는 한때 성형외과 상담실에 앉아 있었던 적이 있다. 그날의 기억은 지금도 이상하리만큼 또렷하다. 흰 조명 아래에서 거울을 마주한 채, 짧았던 십여 분의 시간 동안 나는 내가 미처 몰랐던 내 얼굴의 단점들을 차례로 전달받았다. 이마에는 볼륨이 부족하고, 코는 낮고, 얼굴에 비해 턱살이 많고, 눈 밑 지방은 나이에 비해 꺼져 있으며, 광대는 선이 예쁘지 않고, 피부에는 주근깨가 있고, 눈썹의 모양은 정리가 필요하며, 팔뚝은 다른 곳에 비해 두껍다는 이야기. 나는 그날 처음으로 내 얼굴을 하나의 '사람'이 아니라, 고쳐야 할 항목들이 나열된 목록처럼 바라보게 되었다.

일상 속에서도 나는 끊임없이 남의 시선을 의식하며 자신을 조심스럽게 다루며 살아왔다. 민소매를 입을 땐 반드시 카디건을 챙겨 몸을 가려야 했고, 그것은 취향이 아니라

예의이자 매너라고 여겼다. 색감이 강한 바지를 입은 날에는 모두가 한마디씩 거들며 시선을 보냈고, 나는 다시는 그 옷을 입지 말아야겠다고 다짐하며 옷장 깊숙이 넣어두곤 했다. 화장을 하지 않은 날에는 오늘 무슨 일이 있는지, 왜 화장을 안 했는지에 대한 설명을 준비해야 했고, 레깅스를 입을 때는 약속이라도 한 것처럼 상의는 늘 길어야 했다. 그렇게 나는 언제나 남의 시선이 먼저 도착한 몸으로 하루를 시작했고, 그 시선에 맞춰 나를 조정하는 데 익숙해져 있었다.

그때의 나는 몰랐다. 이것이 단순히 개인의 취향이나 스타일의 문제가 아니라, 내가 나를 대하는 방식 전체를 서서히 잠식하고 있다는 사실을. 남들이 정해놓은 '괜찮은 몸', '보기 좋은 여자'의 기준을 나는 너무 오랫동안 아무런 의심 없이 받아들이며 살아왔고, 어느새 그것을 나 자신의 기준이라고 착각하고 있었다. 그렇게 나는 나를 보호한다고 믿었던 규칙들 속에서, 가장 먼저 나를 숨기고 깎아내리는 사람이 되어가고 있었다.

그런데 호주에서의 모습은 이상하리만큼 내가 어떻게 생겼는지, 화장을 했는지 하지 않았는지, 어떤 옷을 입었는지,

어떤 신발을 신었는지에 아무도 관심을 두지 않는 풍경이었
다. 한국에서는 조금만 튄다고 느꼈던 옷차림과 스타일들이
이곳에서는 그저 수많은 선택지 중 하나일 뿐이었고, 각자
의 개성과 취향이 너무도 자연스럽게 공존하고 있었다. 아
주 솔직하게 말하자면, 내가 아무리 개성 있는 시도를 해도
나보다 훨씬 더 자유롭고 과감한 사람들을 매일 마주쳤기
때문에, 더 이상 나만 유난스럽다는 감각 자체가 생기지 않
았다.

그렇게 나는 조금씩 내가 원하는 쪽으로 몸을 풀기 시작
했다. 화장을 하지 않은 맨얼굴로 거리를 걷기도 했고, 여름
에는 등이 시원하게 파인 옷을 입어보기도 했으며, 하얗게
유지해야 한다고 믿었던 피부 대신 햇빛에 자연스럽게 그을
린 피부를 받아들이기 시작했다. 내가 입고 싶은 것을 입고,
내가 편한 상태로 존재하는 것만으로도 하루가 흘러갈 수
있다는 사실이 조금씩 몸에 배어갔다. 그렇게 나는 처음으
로 '시선으로부터의 자유'라는 감각을 아주 조심스럽게 경험
하고 있었다.

그러던 어느 날, 브리즈번에서 레이첼이라는 사람을 만났

다. 신비롭고 묘한 보랏빛 꽃잎을 가진 자카란다가 도시 곳곳에 만개해 있던 계절이었다. 우리는 자카란다를 구경하다가 자연스럽게 같은 나무 아래에 머물게 되었고, 그렇게 서로를 알게 되었다. 나는 처음 본 순간부터 그녀가 몹시 매력적이라고 느꼈다. 버드나무 가지처럼 길게 늘어진 곱슬머리, 개성 넘치는 패턴의 보라색 가방, 말투 하나하나에 묻어나는 자신감, 건강해 보이는 몸선, 선글라스를 시원하게 머리 위로 넘기며 이마를 드러낸 모습까지, 그녀는 누군가에게 잘 보이기 위해 만들어진 사람이 아니라 이미 자기 자신으로 완성된 사람처럼 보였다.

우리는 만개한 자카란다에 둘러싸인 채 나무 아래에 철퍼덕 앉아, 어떻게 이곳까지 오게 되었는지, 호주라는 나라에서 무엇을 느끼고 있는지에 대해 자연스럽게 이야기를 나누기 시작했다. 특별한 질문도, 정해진 대화의 순서도 없었지만 이야기는 끊기지 않았고, 그 시간 동안 나는 이상하리만큼 마음이 느슨해지는 경험을 하고 있었다. 그러다 그녀가 아주 담담한 목소리로, 뜻밖의 이야기를 꺼냈다.

레이첼은 자신이 예쁘다는 말을 호주에 와서 처음으로 들어보았다고 했다. 그 말을 꺼낼 때 그녀의 표정은 웃고 있었지만, 그 웃음 뒤에는 꽤 오래된 시간이 겹쳐 있는 것처럼 보였다. 어린 시절부터 그녀는 늘 통통한 편이었고, 가족들은 사랑이라는 이름으로 살을 빼야 한다고 말했으며, 조금 더 크면 성형을 시켜주겠다는 이야기를 아무렇지 않게 덧붙였다고 했다. 그 말들은 악의라기보다는 당연함에 가까웠고, 그렇기에 더 오래 그녀 안에 남았다고 했다. 그래서 그녀는 자라면서 한 번도 스스로를 매력적인 사람이라고 생각해 본 적이 없었고, 거울 앞에 설 때마다 먼저 고쳐야 할 부분부터 찾는 사람이 되어 있었다고 했다. 몸을 있는 그대로 느끼기보다는, 늘 평가받는 대상처럼 바라보는 데 익숙해져 있었다는 말이었다.

더 힘들었던 것은 외모에 대한 이야기만은 아니었다. 레이첼은 질문이 많았고, 자기 생각을 분명하게 말하는 사람이었다. 궁금한 것이 있으면 바로 묻고, 불합리하다고 느끼면 조용히 넘기지 못하는 성격이었다고 했다. 하지만 그런 태도는 늘 좋은 평가로 돌아오지 않았다고 했다. 튀어 보인다, 너무 세다, 여자답지 않다는 말들이 따라붙었고, 그녀는 점점 자신의 말과 태도를 줄이게 되었다고 했다. 말하기 전에 한 번 더 계산하고, 질문을 삼키고, 의견을 접는 일이 반복되면서 그녀는 점점 자신을 작게 만드는 방법을 배워갔다고 했다. 그렇게 그녀는 외모뿐만 아니라 성격까지도, 세상이 허락한 크기 안에 맞추려 애쓰며 살아오고 있었다.

그러던 그녀가 호주에 와서 처음으로, 아무 조건 없이 웃는 모습이 예쁘다는 말을 들었다고 했다. 살을 빼서도, 화장을 해서도, 얌전해져서도 아닌, 그냥 자기 모습 그대로 있을 때 건네진 말이었다고 했다. 그 말을 들은 순간, 그녀는 잠시 아무 말도 하지 못했고, 그제야 자신이 웃고 있다는 사실을 자각했다고 했다. 그리고 아주 늦게서야 처음으로 깨달았다. 자신이 매력 없는 사람이 아니라는 것, 문제는 늘 자신에게 있다고 믿어왔지만 어쩌면 그동안 자신을 바라보던 환경이 너무 좁고 단단했을지도 모른다는 사실을 말이다.

그 이야기를 들으며 나는 한동안 말을 잃었다. 레이첼의 이야기는 낯설지 않았고, 오히려 너무 익숙해서 마음 어딘가가 서늘해졌다. 그녀가 겪어온 시간들은 마치 다른 언어로 들려오는 나의 이야기 같았고, 그녀가 움츠러들며 살아왔던 방식은 내가 너무도 자연스럽게 해오던 선택들과 닮아 있었다. 나는 그제야 처음으로 생각했다. 내가 고쳐야 한다고 믿어왔던 것들 중 많은 부분이, 사실은 고쳐야 할 것이 아니라 보호받아야 할 것들이었을지도 모른다는 것을.

그날 이후로 나는 아주 천천히, 그러나 분명하게 알게 되었다. 외모란 남의 기준에 맞춰 다듬을수록 매력적이게 되는 것이 아니라, 내가 좋아하는 것을 하고, 내가 원하는 선택을 할 때, 그러니까 가장 나다운 상태에 가까워질수록 비로소 살아난다는 것을. 누군가가 정해놓은 틀 안에 들어가기 위해 애쓸수록 나는 점점 흐릿해졌고, 반대로 나를 숨기지 않고 그대로 드러낼수록 오히려 선명해진다는 사실을 그제야 이해하게 되었다. 그동안 나는 '괜찮아 보이기 위해' 나를 깎아내리고 있었지만, 정작 매력은 그 깎여나간 자리에서 함께 사라지고 있었다는 것도.

그래서인지 그 이후로는 외모에 관한 댓글들이 이전처럼 나를 크게 흔들지 못했다. 여전히 그런 말들은 존재했고, 완전히 무감각해진 것은 아니었지만, 예전처럼 하루를 망치거나 나를 의심하게 만들지는 않았다. 화가 나지도 않았고, 그렇다고 깊이 상처받지도 않았다. 그 문장들은 더 이상 나의 가치나 존재를 설명하는 언어가 아니었기 때문이다. 그것은 그저 누군가의 시선일 뿐, 내가 나를 정의하는 기준은 아니라는 감각이 처음으로 생겨났다.

그리고 나는 세상을 바라보는 눈이 조금씩 달라지기 시작했다. 하얀 피부, 마른 몸매, 큰 눈, 오똑한 코처럼 오랫동안 '정답'처럼 여겨지던 미의 기준들이 더 이상 절대적인 잣대로 느껴지지 않았다. 대신 각자의 결을 가진 얼굴들, 자기만의 분위기와 태도를 지닌 사람들이 눈에 들어오기 시작했다. 누군가는 당당함이, 누군가는 편안함이, 또 누군가는 자기 확신이 그 사람을 가장 아름답게 만들고 있었다. 아름다움이란 정해진 형태가 아니라, 스스로를 대하는 태도에서 비롯된다는 사실을 나는 그제야 이해했다.

신기하게도 그렇게 세상을 다르게 보기 시작하자, 내가 서 있는 세계 자체가 달라 보였다. 이전에는 눈에 들어오지 않던 사람들이 보이기 시작했고, 이해할 수 없다고 여겼던 선택들이 하나의 삶의 방식으로 읽히기 시작했다. 나는 그제야 깨달았다. 한국에도 이미 자기만의 색깔로 살아가는 사람들이 충분히 많았다는 것을, 다만 그동안의 나는 너무 좁은 기준 안에서만 사람과 세상을 바라보고 있었을 뿐이라는 것을.

한 번 그 세계를 인식하고 나니, 얼마나 많은 사람들이 각자의 취향과 기준, 각자의 리듬으로 세상을 살아가고 있는지가 비로소 보이기 시작했다. 모두가 같은 방향으로, 같은 속도로 살아가고 있는 것처럼 보였던 세상은 사실 제각각 다른 모양과 결을 가진 채 흘러가고 있었고, 그 다양함은 틀린 것이 아니라 그저 다를 뿐이었다. 남에게는 분명한 정답이었던 삶의 방식이 나에게는 맞지 않을 수 있고, 내가 선택한 길 역시 누군가에게는 이해되지 않을 수 있다는 사실을, 나는 처음으로 담담하게 받아들일 수 있게 되었다.

그제야 나는 나 자신을 돌아보게 되었다. 한국 사회가 정답을 강요한다고 쉽게 말해왔지만, 사실 나는 그 안에서 살아오며 나 역시 같은 기준으로 다른 사람들을 바라보고 있었던 것이다. 남의 틀을 답답해하면서도, 그 틀로 또 다른 누군가를 재단하고 있던 나를 인정하는 순간, 마음속 어딘가에서 오래 쥐고 있던 힘이 스르르 풀어졌다. 그 사실을 받아들이자, 나는 조금 더 자유로워졌다. 남에게 정답이었던 것이 나에게는 오답일 수 있다는 것, 그리고 그 반대 역시 충분히 가능하다는 것을 이제는 흔들리지 않고 받아들일 수 있게 되었기 때문이다.

그래서 나는 이제 안다. 남에게 정답이었던 기준이, 나에게는 오답일 수 있다는 것을. 그리고 그 오답을 선택했을 때, 비로소 이렇게 대답할 수 있게 되었다.

내가 못생겼어? 아니.

크리스라고 불러.

한국에서 태어나 호주에 정착한 그의 집에서 나는 셰어하우스라는 문화를 처음 마주했다. 전혀 모르는 사람들과 한 집에 산다는 것, 더구나 성별도 나이도 다른 사람과 같은 지붕 아래에서 일상을 공유한다는 건 그때까지의 내 삶에서는 상상해 본 적 없는 일이었다. 나보다 한참 나이가 많은 그는 나에게 아주 자연스럽게, 편하게 본인의 이름을 부르라고 말했다.

그 한마디가 이상하리만큼 나를 더 긴장하게 만들었다.

한국에서 나는 늘 누군가를 호칭으로 불러왔고, 그 호칭 안에는 거리와 예의, 위계와 역할이 함께 담겨 있었다. 이름을 부른다는 건 그 모든 질서를 건너뛰는 일처럼 느껴졌고, 나는 그 간격을 단번에 넘을 용기가 없었다. 그래서 나는 한동안 그 집에서 최대한 조용한 사람이 되었다. 부엌에 불이 켜져 있으면 방문을 닫았고, 발소리가 들리면 물을 마시러 가는 것도 미뤘다. 이름을 불러야 할 상황 자체를 피하는 것이 가장 안전한 선택처럼 느껴졌기 때문이다.

처음의 셰어하우스는 나에게 집이라기보다는 늘 긴장을 유지해야 하는 낯선 공간에 가까웠다. 내 방은 나만의 영역이었지만, 문을 열고 나오는 순간부터는 언제나 '타인의 영역' 안으로 들어가는 기분이 들었다. 냉장고를 여는 일도, 거실을 지나가는 일조차 조심스러웠다. 나는 그 공간에 존재하면서도 최대한 흔적을 남기지 않으려 애썼고, 그렇게 스스로를 점점 더 작게 접어 넣고 있었다.

그러다 어느 날, 그는 대형마트에 갈 계획이 있다며 필요한 것이 있느냐고 물었다. 갑작스러운 질문에 나는 잠시 머뭇거렸고, 딱히 떠오르는 것도 없어 고개를 저었다. 그러자 그는 잠시 망설이다가, 함께 가도 괜찮겠느냐는 뉘앙스로 말을 이었다. 아주 사소한 제안이었지만, 이상하게도 그 순간에는 거절할 이유를 찾지 못했다. 그렇게 나는 엉겁결에 그와 처음으로 집 밖을 함께 나서게 되었다.

마트로 향하는 길 내내 공기는 여전히 어색했다. 음악은 낮은 볼륨으로 흘러나오고 있었고, 침묵이 길어질수록 괜히 내가 무언가를 말해야 할 것 같은 기분이 들었다. 나는 그 어색함을 견디지 못하고, 호주에 오게 된 이유와 지금 하고 있는 일, 앞으로의 계획 같은 것들을 숨 돌릴 틈 없이 설명했다. 말이 길어질수록 스스로도 조금 민망해졌지만, 말을 멈추면 다시 그 불편한 정적 속으로 떨어질 것만 같았다.

그러다 문득, 나만 계속 이야기를 하고 있다는 사실이 느껴졌고, 나는 조심스럽게 그의 이야기를 묻게 되었다. 그렇게 대화를 건네자, 그는 잠시 생각에 잠긴 뒤 자신의 지난 시간을 차분히 풀어놓기 시작했다.

그는 20대 초반, 부모님의 권유로 호주에서 워킹홀리데이를 보냈다고 했다. 그는 내가 막연히 동경하던 명문대 출신이었고, 남들이 보기엔 안정적인 길을 걸어온 사람이었다.

하지만 서른을 앞두고도 취업을 하지 못해 졸업을 미루며 시간을 보내다가, 뒤늦게 대기업에 입사했지만 그곳에서도 오래 머물지 못했다고 했다. 남들이 보기엔 '들어가면 끝'이라 말하던 자리였지만, 그에게는 설명하기 어려운 답답함만 남았다고 했다.

결국 그는 다시 현실을 피하듯 호주로 여행을 왔고, 그 과정에서 이민 변호사를 만나게 되었다고 했다. 그때 처음으로 알게 되었다고 했다. 이곳에 남는다는 것이 얼마나 어려운 일인지, 아무나 선택할 수 있는 길이 아니라는 사실을. 막막함 속에서 변호사가 말한 여러 가지의 방법 중 요리라는 분야가 마치 마지막으로 남은 가능성처럼 느껴졌고, 그는 그 하나의 가능성에 모든 것을 걸기로 마음먹었다고 했다.

그는 다시 한국으로 돌아가 생전 한 번도 제대로 해본 적 없던 요리를 배우기 시작했다고 한다. 요리학교에 다니며 기본부터 다시 익혔고, 식당 주방에서는 자신보다 훨씬 어린 사람들, 나이 지긋한 어머니들과 함께 일을 배웠다고 했다. 서른이 넘은 나이에 양파를 써는 일부터 다시 시작하는 것이 쉽지 않았지만, 그럼에도 그는 포기하지 않았다고 했다.

그렇게 다시 호주에 올 수 있는 기회를 얻었고, 이후 여러 식당과 카페의 주방을 옮겨 다니며 일했다. 그는 늘 직원이 아니라 주인의 시선으로 주방을 바라보려 했다고 했다. 어떻게 하면 재료 손실을 줄일 수 있는지, 식당이 잘 돌아가기 위해 무엇이 필요한지, 시스템은 어떤 구조로 움직이는지를 하나하나 몸으로 배워갔다고 했다.

그의 이야기를 들려주는 표정은 놀라울 만큼 담담했다. 특별히 감정을 보태지도 않았고, 선택을 영웅처럼 포장하지도 않았다. 힘들었다는 말 대신, 그저 그렇게 해야 했다고 말하는 사람의 얼굴이었다. 나는 그제야 지금 내 앞에서 장을 보고 있는 이 사람이, 수없이 망설이고 되돌아가며 결국 자신의 식당을 운영하는 일식당 셰프가 되었다는 사실을 실감하게 되었다. 그것은 과거의 무용담이 아니라, 지금의 모습으로 이어져 온 시간의 결과처럼 느껴졌다.

이상하게도 나는 그의 이야기를 들으며 마음이 조금 풀어지는 것을 느꼈다. 누군가의 인생이 나보다 더 험난했다는 사실 때문은 아니었다. 여러 번 흔들리면서도 끝내 방향을 놓지 않았다는 점, 완벽하지 않은 상태에서도 다시 선택하고 움직였다는 그 과정이 묘하게 내 마음을 건드렸다. 그는 분명 대단한 사람이었다. 다만 그 대단함은 타고난 용기나 특별함이 아니라, 겁이 났을 순간들 앞에서도 끝내 멈추지 않았다는 사실에서 비롯된 것이었다. 바로 그 점이 나에게는 오래 남았다.

장을 보고 돌아오는 길, 차창 밖으로 스치는 풍경이 이전과는 다르게 느껴졌다. 그날 처음으로 셰어하우스라는 공간이 단순히 낯선 사람들과 함께 쓰는 집이 아니라는 생각이 들었다. 셰어하우스란 이름 아래 모인 사람들이 각자의 인생을 잠시 내려놓고, 같은 지붕 아래에서 서로의 시간을 스치듯 나누는 장소일 수도 있겠다는 생각. 그렇게 그날 이후로 이 집은 조금 덜 낯선 곳이 되었고, 나 역시 이 공간에 조금 더 마음을 내려놓을 수 있게 되었다.

그와 이야기를 나누며 나는 그의 서른과 나의 서른을 자연스럽게 겹쳐 보게 되었다. 그 역시 한때는 그럴싸한 길과 낯선 선택 사이에서 망설였을 것이고, 나 역시 같은 질문 앞에 서 있었다. 다만 다른 점이 있다면, 우리는 각자의 방식으로 그 질문에 답해왔다는 것뿐이었다. 그의 이야기를 통해 나는 처음으로, 내가 선택한 길이 오답이 아니라 나다운 정답일 수 있다는 사실을 비교적 또렷하게 받아들이게 되었다.

그리고 그날을 시작으로, 나는 호주에서 다른 사람들의 이름을 조금 더 자연스럽게 부를 수 있게 되었다. 어색함 대신 호기심으로 말을 건네게 되었고, 그렇게 하나둘 더 많은 이야기들이 내 하루 속으로 들어오기 시작했다. 이전의 나는 사람을 만날 때 그 사람이 어떤 선택을 했는지보다, 그 선택이 얼마나 '괜찮아 보이는지'를 먼저 가늠하던 사람이었다는 것도 그때 처음 자각했다.

가족을 따라 호주에 정착한 사람도 있었고, 그와 반대로 가족으로부터 벗어나기 위해 이곳에 머물게 된 사람도 있었다. 한국에서 안정적인 직장을 내려놓고 왔다는 이유로 주변의 걱정을 한몸에 받았지만, 정작 본인은 이곳에서 처음으로 숨이 편해졌다고 말하던 사람도 있었다. 간호사로 일하며 충분히 돈을 벌 수 있었음에도 병원 대신 호주의 농장에서 토마토 꼭지를 따는 일이 더 자기에게 맞는다며 웃던 사람, 반대로 한국에서의 간호사보다 호주의 간호사를 선택해 이곳에 뿌리내리기로 한 사람도 있었다.

누군가는 결혼을 앞두고 있었고, 누군가는 이혼 이후 처음으로 혼자가 된 상태였으며, 누군가는 다시는 연애를 하지 않겠다고 말했고, 또 다른 누군가는 이곳에서야 비로소 사랑을 믿게 되었다고 했다. 누군가는 돈을 벌기 위해 왔다고 말했지만 대화를 이어가다 보면 결국은 삶의 방향을 바꾸고 싶었다는 이야기에 닿았고, 누군가는 아무런 계획 없이 왔다고 말하면서도 이미 누구보다 선명한 기준을 가지고 살아가고 있었다.

신기하게도 그들의 선택을 한 줄에 놓고 보면 서로 정반대에 서 있는 경우가 많았다. 같은 이유로 왔지만 전혀 다른 삶을 살고 있었고, 완전히 다른 이유로 출발했지만 닮은 얼굴을 하고 살아가는 사람들도 있었다. 누구는 도망치듯 떠나왔고, 누구는 오랫동안 준비해서 이곳에 도착했지만, 지금의 모습만 놓고 보면 그 차이는 거의 느껴지지 않았다.

그때 나는 조금 분명하게 느꼈다. 이곳에는 명확한 정답 같은 것은 없다는 것을. 다만 각자가 감당할 수 있는 선택의 모양이 달랐을 뿐이고, 각자의 사정과 목표에 맞게 스스로에게 가장 설득 가능한 답을 골라온 사람들이 모여 있었을 뿐이라는 것을. 누군가에게는 실패처럼 보이는 선택이 다른 누군가에게는 가장 용기 있는 결정이었고, 남들이 부러워하는 삶이 정작 그 사람에게는 가장 버거운 선택일 수도 있었다.

다양한 사람들을 가까이에서 보며 나는 처음으로 확신에 가까운 감각을 얻었다. 정답이 없다는 사실이 막막한 것이 아니라, 오히려 얼마나 많은 가능성이 허용되는지에 대한 증거일 수도 있다는 것을. 모두가 같은 답을 향해 달리고 있지 않다는 사실이, 이상하게도 나를 편안하게 만들었다. 그제야 나는 남의 기준으로는 설명되지 않던 나의 선택들 역시, 충분히 하나의 정답이 될 수 있다는 것을 조금씩 받아들이기 시작했다.

그리고 돌이켜보면, 내가 경험한 셰어하우스는 단순히 '한 지붕 아래 함께 살아요'라는 의미가 아니었다. 그것은 서로 다른 선택과 사연을 가진 사람들이, 각자의 속도로 살아가는 삶을 한 공간 안에서 함께 마주하는 일이었다. 우리는 같은 집을 쓰고 있었지만, 사실은 각자 전혀 다른 세계를 살아가고 있었고, 그 세계들이 잠시 겹쳐지는 지점에 서 있었을 뿐이었다.

그곳에서 나는 누군가의 삶을 판단하지 않고 바라보는 법을 배웠다. 이해하지 못해도 존중할 수 있다는 것, 공감하지 않아도 인정할 수 있다는 것. 남의 선택을 내 기준으로 재단하지 않는 연습을, 나는 내가 사는 집에서 매일같이 하고 있었다. 그렇게 셰어하우스는 내게 집이기 전에, 세상을 바라보는 시선을 바꾸는 장소가 되었다.

어쩌면 나는 그곳에서 비로소 알게 되었는지도 모른다. 우리가 함께 산다는 것은, 같은 답을 고르며 살아간다는 뜻이 아니라는 것을. 같은 세상 아래에서, 서로 다른 정답을 품고 살아간다는 것이라는 사실을. 그리고 그 다양함 속에서 나의 선택 역시 틀린 것이 아니라, 나만의 답일 수 있다는 것을.

그래서 이제 셰어하우스는 내게 이렇게 기억된다. 한 지붕 아래 모르는 사람들과 살던 곳이 아니라, 한 세상 아래 서로 다른 삶을 인정하며 살아보았던 첫 번째 장소로.

블라인드 좀 걷고 싶어요.

회사를 다닐 때 내가 아침과 점심마다 반복하듯 하던 말이었다. 바깥에 있다가 사무실로 들어오는 순간, 햇빛을 가리기 위해 내려진 블라인드와 고층 빌딩에 갇힌 채 열리지 않는 창문 앞에서 나는 늘 숨이 막혔다. 창문 아래에는 바람이 드나들 수 있을 것처럼 보이는 아주 작은 구멍들이 있었는데, 나는 그곳에 괜히 얼굴을 가까이 대고 바깥 공기를 들이마시려 하곤 했다. 하지만 그 틈새로 들어오는 공기는 턱없이 부족했고, 잠깐의 흉내만 남긴 채 다시 답답함이 밀려왔다.

점심시간만 되면 나는 잠시 해방된 사람처럼 회사 밖으로 나갔다. 회사 근처 양재천을 따라 걷다가 벤치에 앉아 따사로운 햇살을 얼굴에 받으며 산들거리는 바람을 느끼는 사람들이 그렇게 부러울 수가 없었다. 아무것도 하지 않아도 괜찮아 보이는 얼굴들, 천천히 걷는 발걸음, 굳이 목적지가 없어 보여도 자연스러운 그 풍경이 나와는 다른 세계처럼 느껴졌다. 하지만 그런 감정도 오래가지 않았다. 인간은 생각보다 쉽게 익숙해졌고, 나 역시 그 답답함에 점점 무뎌져 갔다.

그렇게 나는 퇴사를 했음에도 불구하고 여전히 천장 아래에서만 살아가고 있었다. 회사라는 공간을 벗어났는데도, 삶의 방식은 달라지지 않았고, 모니터 앞에 앉아 하루를 보내며 답답하다는 감각조차 느끼지 못한 채 익숙한 천장 아래만을 찾아다니며 시간을 이어가고 있었다. 어디에서 일하느냐보다, 어떻게 일하고 어떻게 숨 쉬느냐가 더 중요하다는 사실을 그때의 나는 알지 못했다. 그곳이 나를 막고 있다는 사실조차 잊은 채, 나는 여전히 닫힌 공간에 스스로를 눌러

넣고 살고 있었다.

하지만 호주에서의 나는 전혀 다른 곳에 서 있었다. 천장이 아니라 새파란 하늘 아래에 있다는 것, 꽉 닫힌 창문 너머의 세상이 아니라 바깥의 바람을 직접 맞는 일이 얼마나 큰 행복인지 그제야 알게 되었다. 그 깨달음은 여행지에서 느끼는 일시적인 해방감 같은 것이 아니었다. 특별한 사건이 있었던 것도 아니었다. 그저 어느 날 문득, 숨이 이전보다 깊어졌다는 사실을 알아차렸을 뿐이었다. 그렇게 아주 사소한 일상 속에서, 삶의 감각은 조용히 방향을 바꾸고 있었다.

나는 노트북을 들고 공원 벤치에 앉아 일을 하기도 했고, 점심시간에는 잔디밭에 털썩 주저앉아 도시락을 먹기도 했다. 해야 할 일이 없어도 공원에 누워 아무 생각 없이 하늘을 멍하니 바라보는 날들이 이어졌다. 구름이 흘러가는 속도를 바라보고, 바람에 나뭇잎이 흔들리는 모습을 따라가다 보면, 머릿속을 가득 채우고 있던 생각들이 하나둘 흩어졌다. 그렇게 나는 바깥에 있다는 감각, 자연 속에 몸을 두고 있다는 감각을 조금씩 되찾아갔고, 그 감각은 생각보다 빠르게 나를 회복시키고 있었다.

어느새 나는 집에 돌아오면 가장 먼저 창문을 여는 사람이 되어 있었다. 그동안 시끄럽다는 이유로, 불편하다는 이유로 닫아두었던 창문 너머에서 이전과는 전혀 다른 소리들이 들리기 시작했다. 배달 오토바이 소리나 빠르게 지나가는 차들의 소음이라고만 여겼던 것들 사이로, 새가 지저귀는 소리와 사람들이 웃으며 지나가는 소리, 바람에 나뭇잎이 스치는 소리가 겹겹이 섞여 들어왔다. 그 소리들은 나를 방해하지 않았고, 오히려 내가 살아 있는 공간에 속해 있다는 느낌을 또렷하게 만들어주고 있었다.

그제야 나는 알게 되었다. 내가 시끄럽다고만 여겼던 그 소리들 속에, 사실은 삶이 살아 있다는 신호들이 숨어 있었다는 것을. 불만이라고 믿었던 소음은, 자세히 들여다보면 누군가의 하루이고, 누군가의 움직임이었으며, 내가 그동안 차단해왔던 세계의 숨소리였다. 그 소리들을 받아들이기 시작하자, 이상하게도 내 마음도 함께 가벼워졌다. 머릿속을 가득 채우던 이유 없는 불안과 긴장이, 설명할 수 없을 만큼 천천히 옅어지고 있었다.

그렇게 나는 내가 오랫동안 그럴싸하다고 믿어왔던 서른

의 모습이, 반드시 고층 건물의 오피스 안에 있지는 않다는 사실을 느끼게 되었다. 문이 닫힌 회의실에서 정해진 시간표에 맞춰 회의를 하고, 단정한 옷차림으로 커리어우먼처럼 살아가는 모습이 유일한 정답은 아니었다는 것. 오히려 햇빛이 드는 공간에서, 창문을 열고 바람을 맞으며, 하루에 몇 번이고 하늘을 올려다볼 수 있는 삶이 지금의 나에게는 훨씬 건강한 선택일지도 모른다는 생각이 들었다.

나는 그제야 깨달았다. 문제는 내가 나약해서도, 의지가 부족해서도 아니었다는 것을. 너무 오랫동안 빛이 차단된 공간에서, 숨이 막히는 환경을 당연한 삶으로 받아들이며 살았던 것뿐이었다는 것을. 창문을 열고, 블라인드를 걷고, 바깥으로 한 걸음 나오는 일만으로도 삶의 감각은 이렇게 달라질 수 있었다. 그렇게 나는 비로소 알게 되었다. 내 삶에 필요했던 변화는 더 많은 계획이 아니라, 더 많은 햇빛과 바람이었다는 것을.

그래서 나는 이제 공간을 선택할 때 가장 먼저 창문을 본다. 집을 고를 때도, 카페를 고를 때도, 잠시 머무를 장소를 정할 때도 마찬가지다. 햇빛이 들어오는지, 바람이 통하는지, 바깥을 볼 수 있는지. 그 공간이 나를 가두는지, 아니면 세상과 이어주는지를 먼저 살핀다. 예전의 나는 위치와 인테리어, 그럴싸한 조건들을 먼저 따졌지만, 이제는 그 공간 안에서 내가 얼마나 숨을 쉴 수 있는지를 가장 중요한 기준으로 삼게 되었다.

생각해보면 나는 오랫동안 '괜찮아 보이는 공간' 안에서 스스로를 설득하며 살아왔다. 창문이 열리지 않는 고층 사무실도, 온종일 불을 켜야 하는 집도, 답답함보다 안정이라는 이름으로 받아들였다. 그렇게 천장 아래에서 사는 삶이 어른의 삶이라고 믿었고, 모두가 그렇게 사는 것처럼 보였기 때문에 나 역시 의심 없이 따라왔다. 하지만 호주에서의 시간은 그 믿음을 아주 조용하게, 그러나 확실하게 무너뜨렸다.

하늘이 보이는 곳에서 하루를 시작하고, 해가 움직이는 방향에 따라 시간의 흐름을 느끼고, 바람이 불면 계절을 체감하는 삶. 그것은 게으른 삶도, 현실을 외면한 삶도 아니었다. 오히려 내 몸과 마음이 어디에 있는지를 정확하게 인식하게 만드는 생활이었다. 그렇게 공간이 달라지자, 내 하루의 리듬이 달라졌고, 이유 없이 쌓이던 피로와 불안도 조금씩 자리를 옮겼다.

나는 그제야 깨달았다. 내가 그동안 버거웠던 이유는, 삶이 어려워서가 아니라 너무 오랫동안 닫힌 공간에 나를 밀어 넣고 있었기 때문이라는 것을. 빛과 바람이 차단된 곳에서 하루의 대부분을 보내며, 스스로가 답답해지는 것을 당연하게 여겼던 시간들. 그 안에서 나는 나도 모르게 감정을 줄이고, 욕구를 낮추고, 삶의 감각을 최소한으로 유지하며 버텨왔던 것이다.

호주에서의 창문은 단순히 풍경을 보여주는 장치가 아니었다. 그것은 내가 다시 바깥과 연결되어 있다는 감각, 세상 안에 내가 놓여 있다는 실감이었다. 창문을 열면 들려오는 소리들, 바뀌는 빛의 결, 지나가는 사람들의 움직임은 나를 방해하지 않았다. 오히려 내가 이 하루를 살아내고 있다는 증거처럼 느껴졌다. 그렇게 나는 처음으로, 고요함이란 완벽한 정적이 아니라 살아 있는 소리들 사이에서 찾아온다는 것을 알게 되었다.

그래서 이제 나는 더 이상 천장 아래에만 머무는 삶을 정상이라고 부르지 않는다. 블라인드를 내리고, 창문을 닫고, 하늘을 보지 않는 하루가 익숙해지는 순간을 경계하게 되었다. 나에게 '괜찮은 삶'이란 더 많은 것을 견디는 삶이 아니라, 더 많은 것을 느낄 수 있는 삶이라는 기준이 생겼기 때문이다.

어쩌면 이 변화는 아주 사소해 보일지도 모른다. 창문을 연다는 것, 하늘을 본다는 것, 바람을 맞는다는 것. 하지만 그 사소한 선택들이 쌓이자, 나는 내가 어떤 환경에서 더 잘 살아가는 사람인지 조금씩 알게 되었다. 그리고 그 깨달음은, 앞으로 내가 어떤 삶을 선택할지에 대한 기준이 되어주고 있었다.

공간이 바뀌자, 가장 먼저 달라진 것은 내 마음의 상태였다. 이전에는 이유 없이 가라앉는 날들이 많았고, 특별한 사건이 없어도 불안이 먼저 도착하곤 했다. 해야 할 일은 분명히 처리하고 있는데도, 마음 한쪽에서는 늘 뒤처지고 있다는 감각이 따라붙었다. 그런데 하늘 아래에서 시간을 보내는 날들이 늘어나자, 그 불안의 결이 조금씩 느슨해지기 시작했다. 사라진다기보다는, 예전만큼 나를 붙잡지 못하는 상태에 가까웠다.

나는 그제야 깨달았다. 그동안 내가 안고 있던 불안과 우울의 일부는, 내 삶의 내용이 아니라 내가 머물던 환경에서 비롯된 것이었을지도 모른다는 것을. 닫힌 공간 안에서, 늘 같은 각도의 천장과 벽을 보며 하루를 보내는 삶은 생각보다 많은 감정을 안쪽으로 눌러 담게 만들었다. 숨을 쉬고는 있었지만, 깊게 들이마시지는 못한 채로 말이다. 바깥에 나와 햇빛을 맞고, 바람을 느끼고, 내 몸이 어디에 있는지를 자주 확인하게 되자 마음 역시 조금씩 제자리를 찾아가고 있었다.

하지만 그런 회복의 순간들 사이사이로, 또 다른 종류의 불안이 고개를 들기도 했다. 친구들의 결혼 소식, 출산 소식이 이따금씩 전해질 때마다 나는 문득 생각했다. 나는 점점 전형적인 서른의 모습에서 멀어지고 있는 건 아닐까. 다들 다음 단계로 넘어가고 있는 것 같은데, 나는 너무 자유로운 방향으로 흘러가고 있는 건 아닐까. 남들이 보기엔 불안정해 보일지도 모르는 이 삶이, 과연 괜찮은 선택일까 하는 질문이 스스로에게로 돌아왔다.

그럴 때마다 나는 나도 모르게 나를 비교하고 있었다. 누구의 삶이 더 빠른지, 더 안정적인지, 더 '제대로 된' 경로를 밟고 있는지. 그렇게 생각이 깊어질수록 마음은 다시 조금씩 조여왔고, 내가 선택한 이 시간들이 언젠가 후회로 남지는 않을지 스스로를 시험대에 올려놓곤 했다.

그러던 어느 날, 나는 공원 잔디밭에 앉아 피자를 한 조각 들고 있었다. 특별한 날도 아니었고, 누군가와 약속이 있던 것도 아니었다. 그저 일을 마치고, 날이 좋아서, 아무 생각 없이 밖으로 나왔을 뿐이었다. 햇빛 아래에서 피자를 한 입 베어 물고, 바람에 흔들리는 나뭇잎을 바라보며 나는 문득 아주 단순한 감정을 느꼈다. 아, 지금 나는 분명히 괜찮다. 적어도 이 순간만큼은.

그 순간 나는 이전에 내 일기장에 적은 글을 떠올렸다. 미래의 불안을 앞당겨 걱정하는 대신, 지금 느끼는 행복에 집중하는 것이 나에게는 오답이 아니라 정답일지도 모른다는 말. 그때는 스스로를 설득하기 위해 했던 말이었지만, 그날 잔디밭 위에서는 그 말이 비로소 현실처럼 느껴졌다. 지금 이 순간의 만족과 평온을 무시한 채, 아직 오지 않은 불안을 이유로 현재를 깎아내리는 것이야말로 나에게는 더 큰 오답일 수 있겠다는 생각이 들었다.

나는 그제야 조금 솔직해질 수 있었다. 결혼하지 않았다는 사실도, 아이가 없다는 사실도, 정해진 루트에서 벗어나 있다는 사실도, 그 자체로는 문제일 수 없다는 것. 문제처럼 느껴졌던 이유는, 그것들이 내 기준이 아니라 남의 기준으로 측정되고 있었기 때문이라는 것을. 잔디밭 위에서 피자를 먹으며 느낀 이 평온함이, 누군가의 기준에서는 사소하고 하찮아 보일지라도, 나에게는 분명히 살아 있다는 감각이었다.

그래서 나는 선택했다. 불안이 완전히 사라진 뒤에 행복해지기를 기다리는 삶이 아니라, 불안이 있어도 행복을 느낄 수 있는 순간들을 놓치지 않는 삶을. 전형적인 서른의 모습과 멀어지고 있다는 감각이 들 때마다, 나는 다시 나에게 묻기로 했다. 지금의 나는 불행한가, 아니면 단지 다를 뿐인가. 그리고 대부분의 날, 그 질문에 대한 답은 분명했다.

나는 다를 뿐이지, 불행하지는 않았다. 그리고 그 사실을 인정하는 순간, 불안은 더 이상 나를 끌어당기는 중심이 되지 못했다. 하늘 아래에서 숨 쉬고, 바람을 맞고, 잔디밭에 앉아 현재를 살아가는 이 시간이야말로, 지금의 나에게는 가장 설득력 있는 정답이라는 것을 나는 점점 더 확신하게 되고 있었다.

그래서 나는 이제 나에게 이렇게 말한다. 다시 블라인드를 걷고, 창문을 활짝 열자. 남들이 정해준 답이 아니라, 내가 숨 쉬기 편한 정답을 찾기 위해서.

No worries.

호주에 와서 내가 가장 자주 들은 말이었고, 동시에 가장 자주 안심하게 된 말이었다.

처음에는 이 말이 왜 이렇게 자주 쓰이는지 잘 몰랐다. 누군가에게 고맙다고 했을 때도, 작은 부탁을 했을 때도, 상황이 조금 어긋났을 때도 돌아오는 말은 늘 같았다. No worries. 문제없다는 뜻이었지만, 그 말은 언제나 설명 없이 툭 던져졌다. 괜찮은 이유를 굳이 묻지 않아도 되고, 상황을 해명하거나 변명하지 않아도 되는 말이었다. 말끝에 책임을 묻지 않는 태도는 내게 조금 낯설게 느껴졌다.

아주 사소한 순간에도 그랬다. 예약을 하지 않고 식당에 들어갔을 때, 괜히 마음이 먼저 조여 왔다. 혹시 자리가 없으면 어쩌지, 괜히 민폐가 되면 어쩌지, 이런 상황을 만들면 안 됐던 건 아닐까 하는 생각들이 순식간에 머릿속을 채웠다. 이미 일어나지도 않은 일 앞에서 나는 늘 먼저 미안해질 준비를 하고 있었다. 그런데 직원은 잠깐 안쪽을 보더니 아무렇지 않게 말했다. No worries. 그 한마디로 상황은 정리되었고, 내가 마음속에서 혼자 키워오던 불안도 함께 사라졌다.

나는 원래 작은 실수나 어긋남을 크게 확대하는 사람이었다. 괜히 했나, 이래도 되나, 이 선택이 틀린 건 아닐까 같은 생각을 한 번 붙잡으면 쉽게 놓지 못했다. 한국에서는 그런 성격이 조심성이라는 말로 포장되었지만, 사실은 늘 긴장 상태로 살아가는 방식이기도 했다. 잘못하지 않기 위해, 민폐가 되지 않기 위해, 기준에서 벗어나지 않기 위해 나는 늘 먼저 스스로를 검열하며 하루를 살아왔다.

그런데 호주에서는, 그런 나의 긴장을 풀어주는 말이 너무도 쉽게 건네졌다. 큰 문제가 아니라는 듯, 상황을 더 키우지 않겠다는 듯, 마음까지 따라오지 않아도 된다는 태도로. No worries라는 말은 그럴듯한 위로나 깊은 조언은 아니었지만, 대신 아주 현실적인 안심을 주었다. 이 정도는 괜찮다고, 지금 이 순간을 굳이 문제로 만들지 않아도 된다고.

이 말이 좋았던 이유는, 나를 이해해 줘서가 아니라 나를 추궁하지 않아서였다. 왜 그랬는지 설명하지 않아도 되고, 얼마나 조심했는지를 증명하지 않아도 되는 말. 그저 흘려보내도 되는 일이라는 신호처럼 가볍게 건네지는 그 한마디 앞에서, 나는 늘 긴장하고 있던 어깨를 아주 조금 내려놓을 수 있었다. 완벽하지 않아도 괜찮다는 허락을 받은 것처럼, 숨을 한 번 더 길게 쉴 수 있었다.

그렇게 호주에서의 생활은, 나에게 무언가를 더 하라고 재촉하기보다는 괜찮다고 말해주는 시간에 가까웠다. 크고 거창한 깨달음이 있었던 건 아니었다. 다만 하루하루를 지나며, 내가 평생 붙잡고 걱정해왔던 일들이 생각만큼 대단한 일은 아니었을지도 모른다는 감각이 조금씩 몸에 스며들었다. 해결되지 않아도 당장 무너지지 않고, 실수해도 다시 이어갈 수 있다는 아주 단순한 사실을, 나는 그제야 삶으로 연습하고 있었다.

　사실 호주에서의 시간이 늘 평온했던 것은 아니었다. 친절한 사람들, 화창한 날씨, 새로운 풍경들 속에서도 나는 종종 외로움을 느꼈다. 이곳에서는 사람을 만나는 일이 쉬운 만큼, 헤어지는 일도 잦았다. 잠깐 깊어졌다가 다시 흩어지는 관계들 속에서, 나 역시 누군가에게는 머물지 않는 사람, 스쳐 가는 사람이라는 사실을 자주 실감했다. 그 외로움은 요란하지 않았고, 그래서 더 오래 남았다. 말로 꺼내지 않아도 되는 종류의 감정이라, 혼자 있는 시간마다 조용히 옆에 앉아 있는 느낌이었다.

　시간이 흐르면서 호주 생활은 점점 익숙해졌다. 처음에는 모든 것이 새로웠지만, 어느 순간부터는 이곳에서도 내가 '여행자가 아닌, 사는 사람'이 되어가고 있었다. 신기함은 옅어졌고, 일상은 반복되었다. 그러자 자연스럽게 호주에 오기 전부터 해오던 일들이 다시 삶의 중심으로 돌아왔다. 구매 대행 쇼핑몰의 매출을 관리하고 늘리는 일, 혼자서도 할 수 있고 장소에 크게 구애받지 않는 그 일은 이곳에서도 계속 이어갈 수 있었다. 익숙한 일에 다시 속도가 붙자, 나는 예전처럼 유튜브 영상도 하나둘 만들기 시작했다. 내 경험을 기록하고, 생각을 말로 풀어내는 일은 여전히 나에게 꽤 큰 에너지를 주었다.

그러다 커뮤니티까지 론칭하게 되었다. 글을 쓰고, 사람들의 이야기를 읽고, 피드백을 주고받는 시간이 늘어날수록 하루는 빠르게 채워졌다. 새로 무언가를 시작했다기보다는, 이미 하던 일들이 이곳에서 더 확장된 느낌에 가까웠다. 내가 선택한 일들이었고, 좋아서 해오던 것들이었지만, 어느새 하루의 대부분은 책임과 일정으로 구성되어 있었다. 나는 점점 더 많은 역할을 동시에 붙잡고 있었고, 그만큼 나에게 허락된 여백은 조금씩 줄어들고 있었다.

그때부터였다. 내가 호주에서 좋아했던 여유라는 감각이, 서서히 멀어지고 있다는 느낌이 들기 시작한 것은. 나는 다시 해야 할 일들을 중심으로 하루를 설계했고, 스스로를 바쁘게 만들었다. 장소는 분명 바뀌었는데, 삶의 속도는 예전과 크게 다르지 않았다. 여유로운 나라에 와서, 누구보다 여유 없이 살고 있다는 사실이 조금씩 나를 불편하게 만들었다. No worries가 자연스럽게 들리던 곳에 있었지만, 정작 내 하루에는 그 말을 건넬 틈이 없어지고 있었다.

나는 어느새 호주에서 해야 한다고들 말하는 일들을 하나씩 해내고 있었다. 꼭 가야 한다는 관광지를 찾아다녔고, 여기까지 왔으니 놓치면 안 될 경험들을 마치 목록처럼 정리해두고 차례대로 지나쳤다. 보고 싶어서라기보다는, 보지 않으면 안 될 것 같아서였다. 그렇게 하나씩 채워가는 순간들 속에서, 내가 그 자리에 왜 서 있는지는 점점 중요하지 않게 되었다. 막상 그곳에 서 있으면 마음은 늘 다른 곳에 가 있었고, 오늘 하지 못한 일들, 내일 감당해야 할 일정들이 머릿속을 가득 채웠다. 지금의 순간은 자주 비워졌고, 나는 그 빈자리를 의무감으로 대신하고 있었다.

그러다 호주에서 다녀와야 한다는 투어 하나를 예약했다. 하고 싶어서라기보다는, 이곳에 왔다면 한 번쯤은 해야 할 것 같아서였다. 하지만 그 투어를 다니는 하루 내내 나는 그 시간을 온전히 즐기지 못했다. 더 이상 새로운 사람들과의 만남은 나에게 흥미의 대상이 되지 못했고, 관광지의 풍경도 그저 지나가는 배경처럼 느껴졌다. 하루 종일 나는 오늘 하지 못한 일들, 그리고 그 하지 못한 일들이 내일의 나를 더 힘들게 만들 것이라는 걱정을 반복하고 있었다. 쉬기 위해 떠난 하루였지만, 마음은 쉬는 법을 이미 잊어버린 상태였다.

그날 밤, 나는 호주에서 가장 친하게 지내던 친구와 전화 통화를 했다. 별다른 이유는 없었다. 그냥 하루를 넘기기 전에 누군가와 말을 하고 싶었던 것 같기도 했다. 하지만 통화가 이어질수록, 그동안 쌓여 있던 여유 없고 예민한 마음이 조금씩 모습을 드러냈다. 사소한 말에도 날이 서 있었고, 이해받지 못한다는 감정이 먼저 튀어나왔다. 결국 나는 조심하지 못한 말들을 친구에게 쏟아내고 말았다. 그렇게 우리 사이는 그날 밤, 큰 소리 없이 금이 가 버렸다. 돌아보면, 그 금은 그날 처음 생긴 것이 아니었을지도 모른다.

다음 날 나는 친구에게 사과를 했다. 그때 나는 이미 알고 있었다. 그 금이 단순히 하루의 피곤함이나 순간의 감정 때문만은 아니라는 것을. 나는 이미 호주에서의 삶이 더 이상 나에게 큰 행복의 비중을 차지하지 않는다는 사실을 오래전부터 알고 있었다. 다만 인정하지 않았을 뿐이었다. 인스타그램 스토리에 올라가는 내 모습, 나를 부러워하는 친구들의 반응, 부럽다는 메시지들 속에서 나는 그 삶을 쉽게 놓지 못하고 있었다. 그 장면들 속의 나는 여전히 괜찮아 보였고, 잘 살고 있는 사람처럼 보였기 때문이다.

그리고 내가 호주에 처음 왔을 때 했던 말들이 떠올랐다. 이곳이 너무 좋다는 말, 하나도 외롭지 않다는 말, 여기서 살고 싶다는 말. 그 말들을 스스로 번복해야 한다는 사실이 두려웠던 것 같다. 내가 했던 말들이 틀렸다는 것을 인정하는 일이, 마치 나 자신을 부정하는 것처럼 느껴졌다. 그래서 나는 계속 괜찮은 척을 했고, 괜찮은 사람으로 남아 있으려 애썼다. 하지만 그날 이후로는 더 이상 그 감정들을 외면할 수 없었다. 결국 또다시 그럴싸한 삶을 행복으로 둔갑한 채 살고 있었다. 남들이 보기에는 충분히 괜찮은 삶이었지만, 정작 나는 그 안에서 점점 나를 잃어가고 있었다.

나는 내가 씩씩한 사람이라고 믿어왔다. 그리고 그렇게 살아왔다고도 믿었다. 그런데 어느 순간부터 나는 더 이상 그런 사람이 아니었다. 사람들과의 이별은 여전히 힘들었고, 혼자 있는 시간은 갈수록 외로워졌으며, 마음이 맞는 사람이 생기면 그동안 쌓아두었던 감정을 한꺼번에 기대듯 꺼내놓고 있었다. 그리고 그 모든 모습이, 내가 원하지 않는 모습이자 스스로 가장 싫어하는 모습이라는 사실을 그제야 분명하게 깨달았다. 그 순간 나는 처음으로, 이곳을 떠나야 할 이유를 감정이 아니라 사실로 받아들이게 되었다.

그렇게 나는 지금의 내가 무엇을 원하는지 처음으로 차분하게 생각해보았다. 더 이상 의무감으로 관광지를 다니고 싶지 않았고, 계속되는 이별 속에서 스스로를 붙잡아두며 애써 버티고 싶지도 않았다. 낯선 곳에 남아 있다는 사실만으로 나를 증명해야 하는 삶보다, 걱정 없이 내가 정말 하고 싶은 일들에 마음을 더 쓰며 살아갈 수 있는 환경으로 돌아가고 싶다는 결론에 닿았다. 나를 설명하기 위해 애쓰지 않아도 되고, 괜찮은 척하지 않아도 되는 곳, 잘 살고 있다는 말을 스스로에게 계속 되뇌지 않아도 되는 곳으로.

그렇게 스스로를 인정하는 순간, 족쇄처럼 나를 붙잡고 있던 것들이 하나둘 사라지기 시작했다. 나를 부러워하던 말들, 그리고 1년이라는 비자 기간을 끝까지 채우지 않으면 실패한 것처럼 느껴질 것 같던 아까움 같은 감정들까지도. 꼭 끝까지 버텨야만 의미가 생기는 시간은 아니라는 사실을, 그제야 받아들일 수 있었다. 그날 나는 이유 없이 눈물이

났다. 무언가를 놓아버렸다는 안도감 때문이었는지, 아니면 결국 해내지 못한 것 같다는 패배감 때문이었는지는 정확히 알 수 없었다. 다만 분명한 건, 그 눈물 속에는 처음으로 나 자신에게 솔직해졌다는 감정이 섞여 있었다는 것이었다.

싸웠던 그 친구는 내게 늘 밥 먹듯이 말하곤 했다. No worries. 걱정하지 마. 그 친구는 내가 어떤 선택을 하든, 그 선택 자체를 두려워하지 말라고 했다. 정말 별것 아닌 말처럼 들리는 그 한마디 덕분에 나는 호주에서 많은 도전을 할 수 있었고, 동시에 많은 걱정들을 조금씩 내려놓을 수 있었다. 그리고 이렇게 돌아가기로 결정한 날에도, 나는 다시 그 걱정 말라는 마법 같은 단어로 큰 위로를 받았다. 처음 이곳에 왔을 때 나를 안심시켜주던 말이, 떠나기로 한 순간에도 조용히 나를 배웅해 주고 있었다.

그리고 나는 이 결정을 끝으로 비행기 표를 예약하고, 조용히 짐을 쌌다. 더 이상 설명하지 않아도 되는 선택, 그럴싸함을 증명하지 않아도 되는 방향이었다. 그렇게 나는 정말로 그 럴싸한 삶을 내려놓고, 나만의 삶의 정답을 선택할 수 있었다.

No worries. 걱정하지 마.

PART 5. 고작 이런
30대

나 도 이 럴 줄 은
몰 랐 어

고작 이런 30대.

처음 나는 내가 상상했던 30대와 전혀 다른 지금의 나를 그렇게 표현했다. 막연히 서른이 되면 좀 더 성숙해 있고, 좀 더 단단하고, 적어도 흔들림 앞에서는 덜 불안한 어른이 되어 있을 거라고 믿었다. 삶의 방향쯤은 정리되어 있고, 무엇을 선택해야 할지 쯤은 스스로 알고 있을 줄 알았다. 하지만 현실의 나는 그 기대와는 많이 달라 보였다. 남들이 보기엔 여전히 정리되지 않은 삶, 아직도 쉽게 흔들리는 마음, 선택 앞에서 매번 망설이는 사람. 그래서 나는 내 서른을, 고작 그런 30대라고 불렀다.

그 표현에는 자조도 있었고, 실망도 있었다. 내가 나 자신에게 기대했던 모습과 지금의 내가 너무 달라 보였기 때문이다. 서른이라는 숫자가 주는 무게에 비해, 나는 여전히 서툴렀고 완성되지 않았다. 잘 살고 있는지 확신할 수 없었고, 괜찮은 어른이 되어가고 있는지도 알 수 없었다. 그렇게 나는 스스로에게조차 조금 인색한 평가를 내리고 있었다. 아직 부족한 나를 다그치듯, 더 나아지지 못한 나를 은근히 부끄러워하며.

나는 남들이 말하는 그럴싸한 30대를 살려고 애쓰다가, 인생에서 가장 큰 불행을 겪었다. 그 불행은 어느 날 갑자기 찾아온 사건이 아니라, 오랜 시간에 걸쳐 조용히 쌓여온 것이었다. 돌이켜보면 그 시작은 꽤 오래전이었다. 고등학생 시절, 목련반에 들어가고 싶다는 이유로 친구들과의 관계가 조금씩 어긋났던 순간부터였다. 더 잘되기 위해, 더 좋은 자리에 서기 위해 선택한 결정이었지만, 그 선택의 대가로 나는 아주 자연스럽게 우정을 잃어갔다. 그때의 나는 그것이 상실이라는 사실조차 인식하지 못한 채, 그저 다음 단계로 나아가고 있다고 믿고 있었다.

대학이라는 타이틀 앞에서도 나는 비슷한 선택을 했다. 전문직 시험이라는 이름에 나를 걸어 보기도 했지만, 그 과정에 오래 머무르고 싶지는 않았다. 나보다 높은 대학을 다니던 사람들 사이에서 끊임없이 나를 비교하며 살아야 하는 그 자리가 나를 점점 숨 막히게 만들고 있었기 때문이다. 더 나은 곳으로 가기 위한 결정이라고 스스로를 설득했지만, 사실은 그 경쟁의 한가운데서 나를 지켜낼 자신이 없었던 선택이었다. 경쟁에서 밀려나지 않기 위해 시작했던 일이, 정작 나를 삶의 바깥으로 밀어내고 있다는 사실을 그때는 알지 못했다.

이후 대기업이라는 이름을 얻었을 때, 사람들은 나를 부러워했다. 안정적인 직장, 확실한 커리어, 앞으로의 미래까지 보장된 것처럼 보이는 삶. 하지만 그 안에서 나는 자주 숨이 막혔다. 회사라는 울타리 안에서 규칙적으로 흘러가는 하루들은 안정적이었지만, 동시에 나를 점점 옥죄는 구조이기도 했다. 안전하다는 이유로 선택한 공간이, 어느 순간부터는 나를 가두는 틀이 되어 있었다.

그리고 서울 중심의 아파트에 살며, 나는 또 다른 방식으로 나를 천장 아래 가두고 있었다. 모두가 부러워하는 위치에 있다는 사실이 나를 자유롭게 해주지는 않았다. 오히려 더 잘 살아야 할 것 같았고, 더 흔들리지 말아야 할 것 같았으며, 지금의 자리를 지키기 위해 더 많은 것을 감내해야 할 것 같았다. 더 높이 올라가기 위해 선택한 것들이었지만, 이상하게도 내 삶의 공간은 점점 좁아지고 있었다. 몸은 도시 한가운데 있었지만, 마음은 늘 출구를 찾고 있었다.

그제야 나는 스스로에게 질문을 던질 수밖에 없었다. 정말 나는 그럴싸한 30대를 원했던 걸까. 아니면, 그럴싸해 보이는 삶을 원한다고 믿어야만 했던 걸까.

그 질문은 쉽게 대답할 수 있는 종류의 것이 아니었다. 오히려 그동안 너무도 자연스럽게 받아들여왔던 선택들 앞에서 걸음을 멈추게 만드는 질문에 가까웠다. 왜 그 길을 선택했는지, 왜 그 이름을 붙잡았는지, 왜 그렇게까지 버텨야 한다고 믿었는지. 그 이유들을 하나씩 떠올리다 보니, 처음으로 선택의 방향이 아니라 선택의 출발점을 돌아보게 되었다.

그리고 서서히 알게 되었다. 내가 원했던 것이 꼭 더 멋져 보이는 인생은 아니었을지도 모른다는 사실을. 누군가에게 설명하기 좋은 삶이 아니라, 하루를 마치고 혼자 남았을 때도 숨이 막히지 않는 삶을 은근히 바라고 있었을지도 모른다는 생각이 들었다. 그동안 나는 너무 오래, 스스로에게도 그런 바람이 있다는 사실을 인정하지 않은 채 살아왔던 것 같았다.

그 질문 끝에 이런 생각이 들었다. 나도 이럴 줄은 몰랐어.

서른이 되면 이쯤에서는 삶이 조금은 정리되어 있을 줄 알았고, 적어도 이렇게까지 흔들리게 될 줄은 몰랐다. 내가 선택한 길이 나를 가장 힘들게 만들 줄도, 나답지 않게 살아가는 시간이 이렇게 길어질 줄도 예상하지 못했다. 그 문장은 스스로를 탓하는 말이라기보다는, 기대와 현실이 어긋나 있다는 사실을 처음으로 정직하게 인정하는 말에 가까웠다. 그제야 나는, 잘못된 사람이어서가 아니라 아직 서툰 사람일 뿐일지도 모른다는 생각을 할 수 있었다.

그 인정은 자연스럽게 다음 생각으로 이어졌다. "그런데 이왕 이렇게 된 거, 이렇게 잘 살아 봐야 하지 않겠어?" 이미 예상과 다른 삶 한가운데에 와 있다면, 더 이상 남들의 기준에 나를 억지로 끼워 맞추며 살 필요는 없지 않을까. 잘 살기 위해 버티는 삶보다, 덜 무너지기 위해 선택하는 삶도 충분히 의미 있지 않을까 하는 생각이었다. 실패하지 않기 위한 인생보다, 나를 잃지 않기 위한 인생을 살아도 되지 않을까 하고.

솔직히 말하면, 나는 '고작 이런 30대'라는 말을 받아들인 순간부터 오히려 조금 편안해지고 있었다. 더 이상 나를 증명하듯 서둘러 설명하지 않아도 되었고, 한 문장으로 정리되지 않는 삶도 가능하다는 사실을 처음으로 스스로에게 허락하고 있었다. 잘 살고 있다는 말 대신, 지금의 상태를 그대로 말해도 괜찮아진 순간이었다. 남의 기준에서 잠시 내려와, 내 숨의 속도를 느끼기 시작한 것도 그 무렵이었다.

그 변화는 요란하지 않았지만 분명했다. 하루를 마치고 돌아봤을 때 후회가 덜 남는 날들이 늘어났고, 남의 기준이 아니라 내 말로 하루를 설명할 수 있는 시간이 쌓여 갔다. 여전히 불안은 남아 있었지만, 그것이 더 이상 나를 끌고 가는 감정은 아니었다. 나는 완성된 어른이 되기 위해 애쓰기보

다는, 흔들리더라도 나를 잃지 않는 방향으로 하루를 살아
내고 있었다.

번듯한 집 하나 없어도, 내가 살고 싶은 곳들을 옮겨 다니
며 일할 수 있다는 선택 역시 생각보다 큰 만족을 주었다. 그
것이 완벽한 자유는 아니었지만, 적어도 나를 더 작은 틀 안
에 밀어 넣지는 않는다는 점에서 충분했다. 잘 살아 보이는
삶보다, 덜 답답한 삶을 선택해도 괜찮다는 감각이 그제야
내 안에 자리를 잡기 시작했다.

물론 처음부터 확신이 있었던 것은 아니었다. 이 길이 맞
는지, 너무 돌아가는 건 아닐지, 계속 이렇게 살아도 괜찮은
지 수없이 나 자신에게 물었다. 하지만 그 질문들조차 예전
처럼 나를 몰아붙이기보다는, 조심스럽게 방향을 확인하는
과정에 가까워지고 있었다. 답을 빨리 찾지 않아도 괜찮다
는 여유가, 아주 조금씩 생겨나고 있었다.

그렇게 나에게 맞는 정답들을 하나씩 찾아가는 날들이 반
복될수록, 늘 마음 한가운데를 차지하고 있던 불안은 완전
히 사라지지는 않더라도 조금씩 자리를 옮기기 시작했다.
대신 오늘 하루를 어떻게 살아냈는지가 더 중요해졌고, 남

들의 시선보다 나의 하루가 먼저 떠오르기 시작했다. 그렇게 나는 결국 결심했다. 남들에게는 여전히 고작 그런 30대일지라도, 나에게만큼은 의미 있는 30대를 살아보겠다고.

그리고 이제는 어떤 형태로든, 내가 행복할 수 있는 길을 선택하기로 했다. 완벽하지 않아도, 흔들릴지라도, 적어도 나를 잃지 않는 방향으로. 나도 이럴 줄은 몰랐지만, 이왕 이렇게 된 삶이라면, 나는 나에게 맞게 살아가기로 했다.

그 결심은 어느 날 갑자기 찾아온 용기라기보다는, 오래 버텨온 끝에 겨우 허락하게 된 태도에 가까웠다. 남들이 보기엔 그럴싸하지 않아도 괜찮은 삶. 안정적이지 않아도, 완벽하지 않아도 내가 좋아하는 것들을 시도해 보고, 때로는 실패해 보며 그 안에서 나만의 정답을 찾아가는 삶. 빠르지 않아도 되고, 남들과 같은 방향이 아니어도 되는 삶. 남들의 기준에 맞추느라 끊임없이 나를 증명해야 하는 30대가 아니라, 내 기준으로 설명할 수 있는 30대를 살아보기로 했다.

처음 이런 생각을 유튜브에 공개했을 때, 나는 예상보다 훨씬 많은 악플을 받았다. 지금 나이에 그런 선택을 하면 안 된다는 말, 하루라도 빨리 미래를 대비하지 않으면 늦는다는 경고들. 누군가는 친절한 조언처럼, 누군가는 노골적인 비난처럼 말을 건넸다. 그리고 그 모든 말의 끝에는 꼭 '정상적으로 살라'는 문장이 따라붙었다. 마치 내가 선택한 삶은 애초에 설명할 가치조차 없는, 정상의 범주 밖에 있는 것처럼 느껴졌다.

그 말들을 읽으며 나는 이상하게도 상처보다 먼저 피로감을 느꼈다. 그 문장들은 모두 너무 익숙했기 때문이다. 어릴 때부터, 학생일 때도, 직장인이 되었을 때도 늘 들어왔던 말들이었다. 남들보다 늦으면 안 된다는 말, 지금 포기하면 끝이라는 말, 이 나이에 이 정도는 해야 한다는 말들. 그 기준들은 언제나 내 선택보다 한 발 앞서 있었고, 나는 그 기준을 따라잡기 위해 늘 조금 더 애써야 했다.

그 말들은 조언의 얼굴을 하고 있었지만, 사실은 내가 벗어나려 했던 기준 그 자체였다. 누군가가 정해놓은 속도, 누군가가 만들어 놓은 인생의 순서, 그리고 그 틀 안에서만 허락되는 서른이라는 나이. 나는 그 기준에서 조금 벗어나고 싶었을 뿐인데, 세상은 그 선택을 실패처럼 불러왔다. 그때 나는 처음으로 깨달았다. 고작 이런 30대를 선택한다는 건,

생각보다 훨씬 큰 용기가 필요한 일이라는 것을.

하지만 동시에, 그 반응들 덕분에 더 분명해진 것도 있었다. 모두가 같은 답을 가지고 있다면, 이렇게 많은 사람이 서로의 선택에 분노하고 불안해할 이유도 없었을 것이다. 인생에 정말 정해진 답이 있었다면, 이렇게 각자의 자리에서 흔들리며 살아가고 있지는 않을 거라는 생각이 들었다.

그래서 이제는 안다. 더 이상 '맞는 삶'을 찾느라 나를 몰아붙이지 않아도 된다는 것을. 완벽한 선택이 아니어도, 확신이 없더라도, 적어도 나를 부정하지 않는 방향으로 가는 삶은 분명 존재한다는 것을. 나는 이제 남들이 정해준 정답보다, 지금의 내가 버틸 수 있는 삶을 선택하기로 했다. 그것이 가장 느리고, 가장 불안해 보일지라도, 나를 잃지 않는 길이기 때문이다.

나도 이럴 줄은 몰랐다. 하지만 이왕 이렇게 된 삶이라면, 나는 더 이상 남들이 정해준 답으로 살지 않기로 했다. 고작 이런 30대라도, 나에게는 충분히 솔직한 삶이니까.

실패. 포기.

나에게 이 단어들은 오랫동안 끔찍하게 싫은 말들이었다. 그 단어를 인정하는 순간, 내가 끝내 이겨내지 못한 사람이 되는 것 같았기 때문이다. 실패를 받아들이는 일은 곧 패배를 인정하는 일처럼 느껴졌고, 포기는 그동안의 모든 노력을 한순간에 무의미하게 만드는 선택처럼 보였다. 그래서 나는 웬만해서는 그 단어들을 마음속에서도 밀어내며 살았다. 어떻게든 버티고, 어떻게든 이어가면 언젠가는 이겨낼 수 있을 거라고 스스로를 설득하면서.

전문직 시험을 준비하던 당시의 나는, 사실상 그 시험 준비 외에는 해온 것이 거의 없었다. 하루의 시작과 끝이 공부였고, 나를 설명할 수 있는 말도 그 준비 과정 하나뿐이었다. 그래서 더 쉽게 그만둘 수 없었다. 여기까지 왔는데, 지금 멈추면 그동안의 시간이 전부 실패가 되는 것 같았기 때문이다. 그렇다고 끝까지 이겨낼 자신이 있었던 것도 아니었다. 포기하기에는 너무 많은 시간을 쏟았고, 계속하기에는 점점 내가 사라지고 있었다. 나는 그 사이에 오래 머물렀다. 앞으로도, 뒤로도 가지 못한 채, 그저 버티는 시간 속에서.

그렇게 하루하루가 괴로움으로만 채워지던 어느 날, 언니와 동네 뒷산을 걷게 되었다. 특별한 계획이 있던 건 아니었다. 그냥 더는 혼자서 이 마음을 붙잡고 있기 어려웠다. 나는 언니에게 말했다. 내가 선택한 길이 잘못된 것 같다는 생각이 든다고. 그렇다고 그 사실을 인정하고 싶지는 않다고. 이제 와서 다른 길을 선택하기에는 이미 너무 늦은 것 같고, 이만큼 왔는데 돌아가는 건 더 큰 패배처럼 느껴진다고.

말을 하면서도 스스로가 얼마나 모순적인 상태인지 알고 있었다. 그만두고 싶으면서도 그만둘 수 없었고, 버티고 있으면서도 이미 마음은 오래전부터 무너져 있었다. 언니는 그런 나의 말을 조용히 들었다. 서둘러 답을 주지 않았고, 쉽게 위로하지도 않았다.

잠시 걷다가 언니가 말했다. 틀린 문제를 붙잡고 있는 건, 성실함이 아니라는 말을. 오답이라는 걸 알았으면, 지우개로 지우고 다시 풀어보는 게 더 용기 있는 선택일 수도 있다고. 그리고 아주 담담하게, 이런 말을 덧붙였다. 끝내야 새로운 것을 시작할 수 있다고.

그 말은 처음에는 위로처럼 들리지 않았다. 오히려 내가 애써 외면하던 현실을 정확히 찌르는 말 같았다. 끝낸다는 건 실패를 인정하는 일이라고만 생각했기 때문이다. 하지만 시간이 지나 그 문장을 곱씹을수록, 나는 처음으로 포기라는 단어를 다르게 바라보게 되었다. 포기는 도망이 아니라, 방향을 바꾸는 결정일 수도 있다는 것. 내가 선택한 길이 정답이 아닐 수 있다는 사실을 인정하는 일이, 곧 나 자신을 부정하는 일은 아니라는 것을 그제야 알게 되었다.

그렇게 나는 처음으로 포기하는 방법을 배웠다. 그리고 그 포기가 끝이 아니라, 다른 시작의 조건이 될 수 있다는 것도. 그 선택이 나를 완전히 무너뜨리기보다는, 오히려 더 이상 나를 갉아먹지 않는 방향으로 옮겨 놓았다는 사실을 시간이 지나서야 이해할 수 있었다. 그때 언니가 건넨 그 한마디는, 시간이 흘러 서른이 된 지금까지도 나를 조용히 위로하는 문장으로 남아 있다. 무언가를 내려놓아도 괜찮다는 허락처럼, 여전히 마음 한구석에서 나를 붙잡아 준다.

이후로 나는 실패를 대하는 태도가 조금씩 달라졌다. 예전의 나는 오답을 고르면 끝이라고 생각했다. 한 번 틀리면 다시는 만회할 수 없을 것처럼, 그 선택 전체가 잘못된 것처럼 여겼다. 하지만 이제는 안다. 문제를 풀다 보면 틀릴 수도 있고, 채점을 통해 그것이 오답이었다는 걸 알게 될 수도 있다는 것을. 중요한 건 그 다음이었다.

나는 더 이상 그 오답을 정답이라고 우기지 않는다. 지우개로 오답을 지우고, 답을 고치고, 동그라미는 아닐지라도 세모 표시로 바꾸는 법을 배웠다. 완벽하지 않아도 괜찮고, 다시 풀어보는 선택도 충분히 의미 있다는 것을. 틀렸다는 사실보다, 다시 시도할 수 있다는 감각이 나를 조금 더 단단하게 만들고 있었다.

틀려도 괜찮다. 하지만 그럼에도 불구하고, 다시 문제를 풀어보는 것.

그것이 내가 실패와 시행착오를 지나며 배운 나만의 단단함이었다. 무너지지 않는 사람이 되는 게 아니라, 무너진 뒤에도 다시 방향을 고를 수 있는 사람이 되는 것. 한 번의 실패로 스스로를 규정하지 않고, 틀렸다는 사실 앞에서도 다시 선택할 수 있는 사람으로 남는 것. 나는 이제야 그 단단함이 무엇인지 조금은 알 것 같았다.

회사를 나오고, 구매대행 사업이 본업이 되었을 때였다. 막연한 불안 속에서도 그래도 해볼 수 있겠다는 마음으로 하루하루를 버티고 있던 시기였다. 출근이라는 틀이 사라진 대신 스스로 하루를 설계해야 했고, 잘하고 있는지 아닌지를 판단해 줄 기준도 없었다. 그럼에도 불구하고 나는 이 선택이 나를 조금은 자유롭게 해 줄 거라 믿고 있었다.

그런데 가장 큰 쇼핑 플랫폼에서 운영하던 아이디가 정지되는 일을 겪었다. 별다른 예고도 없이 그동안 쌓아온 모든 기록과 흐름이 한순간에 멈춰 섰다. 익숙하게 이어지던 주문의 리듬이 단숨에 끊겼다. 화면에 떠 있는 안내 문구를 한

참 바라보다가, 나는 그제야 상황을 실감했다. 이건 잠깐의 오류가 아니라, 내가 의지하던 기반 자체가 사라졌다는 뜻이라는 것을.

그 순간까지 나를 지탱해 주던 바닥이 통째로 빠져나간 느낌이었다. 매출은 순식간에 떨어졌고, 숫자로 확인되는 변화는 생각보다 더 잔인했다. 그래프는 말없이 아래로 향하고 있었고, 나는 그 선을 몇 번이나 다시 확인했다. 이게 정말 내 현실인지 믿기지 않아서였다. 그제야 나는 처음으로, 회사를 그만둔 선택이 정말로 잘못된 건 아닐지, 내가 선택한 길 자체가 틀린 건 아닐지라는 질문 앞에 서게 되었다. 예전처럼 돌아갈 수 있는 선택지는 이미 없었고, 그 사실이 나를 더 불안하게 만들었다.

불안은 아주 빠른 속도로 밀려왔다. 낮에는 아무렇지 않은 척 일을 정리했지만, 밤이 되면 생각이 걷잡을 수 없이 불어났다. 이리저리 방법을 알아보았지만, 아이디를 다시 살릴 수 있는 뾰족한 수는 보이지 않았다. 문의를 넣어도 돌아오는 답변은 형식적이었고 기다림만 길어졌다. 주변에서는 하나같이 쉽지 않을 거라고, 사실상 끝에 가깝다는 말을 했다.

그 말들이 과장처럼 들리지 않았기 때문에 더 괴로웠다. 그 때의 나는 처음으로 정말로 '아무것도 확신할 수 없는 상태' 에 놓여 있었다.

그래도 이상하게 나는 완전히 손을 놓지는 못했다. 정확한 해답은 없었지만 문제를 아예 내려놓지는 않기로 했다. 아이디를 되살리지 못하더라도, 다른 방법으로라도 사업을 이어갈 수 있는 길을 하나씩 찾아보기로 했다. 당장 큰 성과가 나지 않더라도, 완벽하지 않더라도 일단 다시 풀어볼 수 있는 문제로 만들어보자는 마음이었다. 멈추는 쪽보다 서툴게라도 움직이는 쪽이 나를 덜 무너뜨릴 것 같았다.

그 시간 동안 솔직히 말하면 나는 계속 불안했다. 나와는 다르게 빠르게 치고 올라가는 경쟁자들의 매출 이야기를 들을 때마다 마음이 흔들렸다. 같은 시기에 시작했지만 이미 결과를 만들어내고 있는 사람들을 볼 때면 나만 제자리에서 있는 것 같은 기분이 들었다. 비슷한 상황에서 결국 사업을 접었다는 사람들의 이야기를 들을 때면, 나 역시 같은 결말을 맞이하게 될 것만 같았다. 나도 언젠가는 포기하게 되지 않을까, 이 선택이 결국 나를 더 힘들게 만들지는 않을까 하는 두려움이 늘 그림자처럼 따라다녔다.

그럼에도 불구하고 그때의 나는 아직 완전히 무너지지 않기 위해 애쓰고 있었다. 불안한 상태 그대로, 답이 없는 문제를 붙잡은 채로, 다시 한 줄씩 계산해 보고 또 다른 가능성을 적어 내려가면서. 적어도 스스로에게 이렇게 말하고 싶었던 것 같다. 지금 당장은 답이 보이지 않더라도, 문제를 포기하지는 않았다고.

하지만 나는 그럼에도 불구하고 틀린 답을 정답이라고 우기지는 않았다. 상황이 나아지지 않는다고 해서 이미 잘못된 선택이었다고 스스로를 몰아붙이지도 않았다. 대신 문제를 다시 들여다보고, 무엇이 틀렸는지 확인하고, 답을 고치고, 또다시 풀어보는 쪽을 택했다. 때로는 답을 바꾸는 것만으로는 부족해서, 문제 자체를 다시 설정해야 하는 날들도 있었다.

그렇게 하루하루를 쌓아가다 보니 남들보다 눈에 띄게 빠른 속도는 아니었지만, 무너지지 않는 방향으로 나아가고 있다는 감각이 조금씩 생기기 시작했다. 조급함에 흔들리기보다는 오늘 할 수 있는 일을 끝까지 해내는 쪽으로 태도가 바뀌고 있었다. 결국 나는 사업을 꾸준히 이어갈 수 있었고, 어느 순간부터는 구매대행 분야에서 '잘 되는 셀러'라는 말을 듣는 위치에까지 도달해 있었다.

그 경험은 내 삶에 오래 남았다. 단순히 하나의 위기를 넘겼다는 기억이 아니라, 앞으로의 선택을 대하는 태도 자체를 바꿔 놓은 순간으로. 빠르게 회복하지 않아도 괜찮다는 것, 넘어졌다면 곧바로 일어나지 않아도 된다는 사실을 그때 처음으로 배웠다. 한 번의 실패로 모든 선택이 틀렸다고 단정하지 않아도 되고, 잘못된 답을 고른 자신을 급하게 심판하지 않아도 된다는 것도.

무엇보다 나에게 가장 크게 남은 건, 느리더라도 문제를 끝까지 다시 풀어보는 태도였다. 답이 보이지 않는다고 해서 문제 자체를 버리지 않고, 틀렸다는 사실 앞에서도 한 번 더 들여다보는 것. 그렇게 시간을 들여 다시 계산하고, 방향을 고치고, 필요하다면 문제의 조건 자체를 바꿔보는 과정이 결국 나를 가장 단단하게 만들고 있다는 사실을 알게 되었다.

그때 나는 처음으로 깨달았다. 나를 지켜준 것은 빠른 판단도, 남들보다 앞서는 속도도 아니었다. 멈추지 않고 다시 시도해 보겠다는 태도, 불안한 상태 그대로라도 문제 앞에 다시 앉아 보는 자세였다. 속도를 잃어도 무너지지 않는 방법이 있다는 것, 그리고 그 방법이 생각보다 조용하지만 오래간다는 것을.

그 이후로 나는 삶의 여러 순간에서 이 기억을 꺼내 보게 되었다. 일이든 관계든, 선택이든 방향이든 당장 답이 나오지 않는 순간마다. 서두르지 않아도 괜찮다고, 지금의 속도가 나를 지켜주고 있다고. 그제야 나는 알게 되었다. 인생에서 중요한 건 얼마나 빨리 회복하느냐가 아니라, 어떤 태도로 다시 문제를 마주하느냐라는 것을.

느려도 괜찮다는 사실을 이제는 조금 알 것 같다. 그리고 오답을 고른 순간이 곧 실패를 의미하지는 않는다는 것도. 한 번의 선택이 인생 전체를 결정하지 않고, 틀렸다는 걸 알아차린 뒤에도 다시 고를 수 있다는 여지가 남아 있다는 사실만으로도 삶은 이전보다 훨씬 숨 쉬기 쉬워진다.

중요한 건 늘 가장 빠른 답이나 가장 그럴듯한 선택이 아니었다. 그럼에도 불구하고 다시 나의 선택을 해보는 것. 확신이 없어도 한 발을 내디뎌 보고, 방향이 어긋난 것 같으면 조용히 고쳐 나가는 것. 속도가 느려져도 괜찮고, 몇 번쯤 길을 바꿔도 괜찮다는 마음으로.

그리고, 흔들리더라도 나를 놓치지 않는 방향으로, 완벽하지 않더라도 계속 선택해보는 삶을 살아내는 것. 그럼에도 불구하고.

"빛나님의 성공의 기준은 뭐예요?"

내가 처음 들어간 자기계발 모임에서 들었던 질문이다. 너무 당연해서, 그래서 오히려 한 번도 깊이 생각해 보지 않았던 질문이었다. 성공이라는 단어는 늘 일상 가까이에 있었지만, 그 기준이 무엇인지 스스로에게 묻는 일은 없었다. 마치 모두가 이미 알고 있는 답이 있는 것처럼, 굳이 묻지 않아도 되는 문제처럼 여겨왔다.

그 질문 하나로, 나는 처음으로 '성공'이라는 단어를 가만히 들여다보게 되었다. 그동안 내가 좇아왔던 것은 과연 성공이었을까, 아니면 성공처럼 보이는 이미지였을까 하는 생각이 뒤늦게 따라왔다. 나는 한 번도 그 차이를 구분해 본 적이 없었다. 성공은 늘 너무 자연스럽게, 너무 당연하게 내가 따라가야 할 방향처럼 주어져 있었기 때문이다.

그때 내가 떠올린 성공한 사람들의 모습은 아주 분명했다. 반짝이는 스포츠카, 로고가 또렷한 명품 가방, 고층에서 내려다보는 도심의 야경이 있는 최고급 아파트. 벤츠나 포르쉐의 운전석에서 찍은 사진, 에르메스나 샤넬 쇼핑백이 자연스럽게 놓인 일상, 통유리창 너머로 보이는 밤의 도시. SNS와 유튜브 브이로그 속에서 수도 없이 반복해서 보아온 장면들이었다.

성공은 늘 그렇게 '보이는 것'으로 설명되고 있었다. 얼마나 비싼 것을 타고 다니는지, 어떤 브랜드를 소비하는지, 어디에 살고 있는지가 그 사람의 삶을 대신 말해주는 것처럼 보였다. 화면 안에서 반짝이는 삶은 언제나 잘 살고 있다는 증거처럼 소비되었고, 나는 그 이미지를 보며 막연히 생각했다. 저 자리에 가면 나도 괜찮아질 수 있지 않을까 하고.

그 이미지들은 너무 구체적이어서, 어느새 하나의 기준이 되었다. 성공은 추상적인 개념이 아니라, 따라 할 수 있는 장면처럼 느껴졌다. 그래서 나는 성공을 꿈꾼다기보다, 그 장면 속으로 들어가고 싶어 했는지도 모른다. 그 안에 들어가면 비로소 불안하지 않아도 될 것 같았고, 나 역시 잘 살고 있다는 얼굴을 가질 수 있을 것만 같았다.

그렇게 나는 나도 모르는 사이, 남의 삶을 기준으로 나의 행복을 재단하고 있었다. 비교는 조용히 시작됐고, 어느 순간부터는 당연한 기준이 되어 있었다.

그 시절의 나는 이렇게 믿고 있었다. 행복해지려면 성공해야 하고, 성공하려면 남들이 부러워할 만한 삶을 살아야 한다고. 그리고 그 기준은 서른 즈음이면 어느 정도 도달해 있어야 할 것처럼 느껴졌다. 마치 인생에도 보이지 않는 체크리스트가 있어서, 그 나이쯤에는 몇 가지 항목이 채워져 있어야 정상인 것처럼.

하지만 서른을 앞둔 현실의 나는, 내가 그려왔던 성공의 발끝에도 닿지 못해 있었다. 그 간극은 나를 조급하게 만들었고, 하루하루는 괜히 마음만 무거운 시간으로 채워졌다. 행복이란 무엇일까를 묻기보다는, 왜 나는 아직 거기까지

가지 못했을까를 더 자주 자책했다. 남들보다 뒤처진 것 같다는 감각이 늘 마음 한편에 자리하고 있었다.

그때의 나는 행복을 위해서라면 당연히 돈과 명예, 눈에 보이는 성취가 먼저여야 한다고 굳게 믿고 있었다. 그 외의 것들은, 성공한 다음에나 생각해도 되는 사치처럼 느껴졌다. 그렇게 나는 행복을 미루는 법부터 먼저 배워가고 있었다.

그러다 어느 날, 회사 동료와 함께 천천히 산책을 하다가 문득 이런 생각이 들었다. 이렇게 걷고 있는 이 순간에도 사람들은 각자의 삶으로 돌아가 살아가고 있을 텐데, 그들 역시 나처럼 계속 무언가를 좇으며 살고 있을까. 아니면 나와는 전혀 다른 기준으로 하루를 버티고 있을까. 그 질문은 특별한 계기 없이 아주 자연스럽게 떠올랐다. 다른 사람들은 과연 행복할까.

나는 평소 친하게 지내던 직장 선배에게, 별다른 예고도 없이 그 질문을 던졌다. "선배는 요즘 행복해요?" 질문을 던지고 나서야 내가 왜 그런 걸 묻고 있는지 스스로도 조금 낯설게 느껴졌다. 그동안 나는 사람들에게 성공을 묻지, 행복을 묻지는 않았기 때문이다.

그 선배는 잠시도 망설이지 않고 말했다. "응, 나는 행복해." 너무 빠른 대답이라 오히려 내가 잠깐 멈칫했다. 그래서 나는 다시 물었다. 지금 우리가 큰돈을 벌고 있는 것도 아니고, 사회적으로 대단한 명예가 있는 것도 아닌데 무엇이 그렇게 행복하냐고. 마치 행복하려면 최소한의 조건 같은 게 필요하다는 전제가 깔린 질문이었다.

그러자 그 선배는 잠시 웃더니 담담하게 말했다. "그냥 지금 이 산책하는 시간이 좋아. 나한테는 이런 순간들이 꽤 행복해." 그 말은 이유를 붙이기 위한 설명이라기보다, 지금의 상태를 그대로 건네는 말처럼 들렸다. 특별한 성취가 있어서도, 무언가를 이뤄냈기 때문도 아니었다. 그냥 지금이 괜찮다는, 그 정도의 온도였다.

그 선배는 덧붙였다. 아주 사소한 것들에서도 충분히 행복을 느끼는 편이고, 자신의 행복의 역치는 그리 높지 않은 것 같다고. 그 말을 듣는 순간, 나는 처음으로 내가 오랫동안 믿어왔던 행복의 기준에 아주 작은 균열이 생기는 걸 느꼈다. 행복은 늘 더 많은 것을 가져야만 가능한 상태라고 생각해왔는데, 꼭 그렇지만은 않을 수도 있겠다는 생각이 스쳤다. 내가 그렇게 쫓아가던 '성공'이라는 이미지가 반드시 '행복'으로 이어지지는 않을 수도 있겠다는 가능성이 처음으로 마음에 남았다.

하지만 그 당시의 나는, 그 말에 완전히 공감하지는 못했다. 산책하는 이 순간이 행복할 수 있다는 말은, 내 삶과는 너무 다른 언어처럼 들렸다. 나는 여전히 돈과 명예, 그럴싸한 것들을 향해 치열하게 달리고 있었고, 언젠가는 그 기준에 닿을 수 있지 않을까 스스로를 다그치고 있었다. 성공만 하면, 그때는 나도 자연스럽게 행복해질 수 있을 거라고 믿으면서.

그래서 나는 다시 더 빠르게 움직였다. 목적보다는 결과를, 의미보다는 숫자를 먼저 보았다. 무엇을 좋아하는지는 중요하지 않았고, 얼마나 벌 수 있는지, 얼마나 빨리 올라갈 수 있는지가 기준이 되었다. 그런데 이상하게도, 그렇게 돈만을 보고 선택한 일들은 번번이 나를 무너뜨렸다. 기대했던 성취 대신 실패가 쌓였고, 성과보다 좌절이 먼저 찾아왔다.

더 아이러니했던 건, 내가 믿어왔던 '행복을 위한 성공'을 좋을수록 마음은 점점 더 불편해졌다는 사실이었다. 비교는 더 잦아졌고, 상대적 박탈감은 쉽게 사라지지 않았다. 누군가의 성취 앞에서는 이유 없는 질투가 올라왔고, 스스로를 향한 열등감은 점점 깊어졌다. 잘되고 싶어서 시작한 선택들이, 정작 나를 가장 초라한 사람으로 만들고 있었다.

그렇게 마음이 더 이상 버티지 못했을 때, 나는 치료를 시작했다. 그 과정에서 처음으로 나 자신에게 질문하게 되었다. 왜 나는 이렇게까지 불안한지, 왜 남들과의 비교 앞에서 쉽게 무너지는지. 그 감정들에는 이유가 있었고, 이름이 붙여질 수 있었다. 감정을 이해하기 시작하자, 나는 조금씩 그 감정들로부터 거리를 둘 수 있게 되었다. 우울감에서도, 끝없는 비교의 굴레에서도 서서히 빠져나올 수 있었다.

그 이후로 나는, 너무 당연하게 여겨왔던 나의 성공의 기준과 행복의 기준을 다시 정의하기 시작했다. 더 많이 가지는 삶이 아니라, 덜 잃는 삶은 어떤 모습일지. 더 높이 올라가는 삶이 아니라, 지금 서 있는 자리를 느낄 수 있는 삶은 어떤 상태일지.

아주 사소한 것들부터였다. 특별한 사건이 있어서가 아니라, 어느 날 문득 아무 일도 일어나지 않은 하루를 무사히 끝냈다는 사실이 마음에 남았다. 크게 기쁜 일도, 크게 나쁜 일도 없었던 하루. 예전 같았으면 아무 의미 없이 흘려보냈을 그런 날이었는데, 그날은 이상하게도 고마웠다. 무너지지 않고 하루를 지나왔다는 사실 하나만으로도, 오늘의 나에게 조금은 괜찮다고 말해줘도 되지 않을까 하는 마음이 들었다. 처음으로, '오늘을 살았다'는 사실 자체에 감사해 보고 싶어졌다.

어느 순간부터는 사람들과 함께 있는 시간에도 감사가 붙기 시작했다. 대단한 대화를 나누지 않아도, 같은 공간에 앉아 각자의 하루를 흘려보내고 있다는 사실만으로도 마음이 덜 흔들렸다. 점심시간에 도시락을 먹으며 주말에 무엇을 했는지 나누고, 주말에 커피 한 잔을 앞에 두고 서로의 안부를 묻는 일들. 웃음을 주고받지 않아도 괜찮았고, 굳이 잘 지내고 있다는 말을 덧붙이지 않아도 괜찮았다. 누군가와 함께 있다는 그 단순한 상태가, 생각보다 나를 오래 지탱해 주고 있다는 사실에 조용히 감사하게 되었다.

몸과 마음에 대해서도 다시 보게 되었다. 완벽하게 건강하지도 않았고, 늘 의욕이 넘치는 상태도 아니었지만, 그래도 하루를 살아낼 만큼의 힘은 내 안에 남아 있었다. 일을 할 수 있고, 생각을 할 수 있고, 쉬고 싶다고 느낄 수 있다는 것. 밤이 되면 자연스럽게 잠에 들 수 있다는 사실까지도. 예전에는 너무 당연해서 돌아보지 않았던 조건들이, 사실은 하루를 무사히 건너게 해주는 최소한의 선물 같다는 생각이 들었다. 그제야 나는 내 몸과 마음이 아직 나를 배신하지 않았다는 사실에 감사해 보기 시작했다.

할 수 있는 일이 있다는 것도 새삼스럽게 고마웠다. 크지 않아도, 세상에 아주 조금이라도 흔적을 남기며 하루를 살아가고 있다는 감각. 누군가에게 대단한 존재가 아니어도, 쓸모없이 흘러가고 있지는 않다는 느낌. 어떤 날은 날씨가 따뜻해서 고마웠고, 어떤 날은 바람이 시원해서 마음이 놓였다. 퇴근 후 돌아갈 수 있는 집이 있다는 사실 하나만으로도, 하루를 내려놓을 자리가 있다는 것에 감사하게 되었다.

그리고 하루의 끝에서, 잠들 수 있는 공간이 있다는 사실이 유난히 크게 다가왔다. 불을 끄고 누울 수 있는 곳이 있고, 내일 아침 다시 눈을 뜰 수 있을 거라는 예감이 있다는 것. 그 반복이 얼마나 큰 안정인지, 그제야 몸으로 알게 되었다. 그렇게 나는 내 삶의 시간마다 아주 작은 감사들을 하나씩 붙여 나가기 시작했고, 그 과정에서 이전과는 전혀 다른 종류의 행복을 처음으로 느끼기 시작했다. 더 많이 가져야만 얻을 수 있는 행복이 아니라, 이미 가진 것들을 알아보는 데서 시작되는 행복을.

그 행복은 화려하지 않았고, 남들에게 보여줄 만한 모습도 아니었다. 하지만 적어도 나를 깎아내리지 않는 행복이었다. 더 가지지 않아도, 더 올라가지 않아도, 지금의 나를 부정하지 않아도 괜찮다는 감각. 그 감각이 그제야 내 삶 안에 조용히 자리 잡기 시작했다.

그때 알게 되었다. 내가 그토록 좇아왔던 '멋진 삶'은, 남들보다 앞서 있는 삶이 아니라는 것을. 비교하지 않아도 괜찮은 하루, 애써 증명하지 않아도 숨 쉴 수 있는 일상, 그 안에서 나를 미워하지 않고 살아가는 상태가 더 중요하다는 것을.

멋진 삶보다 더 중요한 것이 무엇인지 알게 되었을 때, 비로소 나는 멋진 삶에 가까워지고 있었다. 화려하지 않아도,

특별하지 않아도, 나의 일상이 더 이상 초라하게 느껴지지 않는 순간. 그 순간들이 쌓여, 지금의 삶을 만들고 있었다.

그래서 이제는 안다. 비교를 멈추고 일상에서 행복을 발견할 수 있을 때, 우리는 이미 충분히 멋진 삶을 살고 있다는 것을.

"여러분은 당신 스스로를 사랑하십니까?"

세바시 강연 방청에 참여했을 때, 곽정은 교수님의 첫마디였다. 질문은 아주 담담하게 던져졌다. 그만큼 더 날것으로 다가왔다. 나는 그 문장이 공기 속에 퍼지는 동안 아무 대답도 하지 못했다. 고개를 끄덕이지도, 그렇다고 부정하지도 못한 채 그대로 멈춰 있었다. 마치 질문이 내 앞에 멈춰 서서, 나만을 바라보고 있는 것처럼 느껴졌다.

강연장 곳곳에서 자연스럽게 울려 퍼진 "네"라는 대답이 오히려 나를 더 당황하게 만들었다. 망설임도 없이 나오는 목소리들, 당연하다는 듯 고개를 끄덕이는 사람들. 그 장면이 이상하게도 낯설었다. 왜인지 모르게 가슴이 꽉 막힌 것처럼 답답해졌고, 목 안쪽이 서서히 뜨거워졌다. 설명할 수 없는 울컥함이 치밀어 올랐다. 그 질문 하나로, 나는 내가 서 있던 자리를 처음으로 또렷하게 자각하게 되었다. 시간이 꽤 흘렀는데도, 그 순간의 공기와 감정은 아직까지 선명하게 남아 있다.

그 당시의 나는, 나를 사랑하기는커녕 좋아하지도 않았던 것 같다. 목표는 늘 저 위에 있었고, 현실의 나는 그에 한참 못 미쳐 보였다. 더 잘해야 했고, 더 간절해야 했으며, 그렇지 못한 나 자신은 늘 실망스러웠다. 남들보다 뒤처져 있다는 생각을 하면서도, 그만큼 치열하지 못한 스스로를 또 한 번 미워했다. 그렇게 나는 매일 나를 다그치면서도, 정작 나를 이해하려는 일은 하지 않고 있었다.

그래서 나는 자연스럽게 믿고 있었다. 다른 사람들도 다 비슷하게, 자신을 못마땅해하며 살아가고 있을 거라고. 누구나 속으로는 자신을 채찍질하며 버티고 있을 거라고. 스스로를 사랑한다는 말은 나에게 너무 낯설었고, 솔직히 말하면 조금은 위선처럼 느껴졌다. 멋지게 포장된 말 같았고, 나와는 상관없는 이야기처럼 들렸다.

하지만 그 질문을 기점으로, 나는 처음 알게 되었다. 생각보다 많은 사람이 정말로 자신을 사랑하며 살아가고 있다는 사실을. 그것이 완벽하거나 자신감 넘치는 상태가 아니라는 것도 함께. 어떻게 그럴 수 있을까, 당황한 마음이 채 가라앉기도 전에 강연은 나를 사랑하는 방법에 대한 이야기로 이어졌다. 명상을 하는 법, 남의 행복을 빌어주는 연습, 스스로에게 다정한 말을 건네는 방법들.

그 강연에서 가장 기억에 남는 시간은, 함께 온 지인과 아무 말도 하지 않은 채 서로의 눈을 바라보는 순간이었다. 누군가의 눈을 그렇게 오래, 말없이 바라본 경험이 거의 없었던 강연장의 사람들은 처음엔 집중하지 못했다. 웃음소리가 새어나왔고, 어색함을 감추지 못한 채 시선을 피하려는 모습들도 곳곳에서 보였다. 나 역시 처음에는 그 자리가 낯설고 불편했다. 괜히 눈을 깜빡이게 되었고, 웃음으로 넘기고 싶어졌다.

하지만 교수님의 리딩 속에서 우리는 조금 더 그 자리에 머물렀다. 시간이 천천히 흘렀고, 그 어색함마저 가만히 놓아두는 연습을 하게 되었다. 그렇게 나는 같이 간 회사 후배의 눈을 웃지 않고, 피하지 않고 바라볼 수 있었다. 이상하게도 아무 말도 하지 않았는데, 이 사람이 어떤 시간을 지나왔는지, 얼마나 애쓰며 살아왔는지 구체적으로 알 수는 없어도 느껴지는 게 있었다. 말로 들은 이야기는 하나도 없었지만, 그럼에도 왠지 알 것만 같은 감정이 조용히 마음 안으로 스며들었다.

그때 문득 이런 생각이 스쳤다. 나는 누군가를 이렇게 가만히 바라본 적이 있었을까, 그리고 나 자신을 이런 눈으로 바라본 적은 있었을까 하고. 평가하지도, 판단하지도 않은 채 그저 있는 그대로를 바라보는 시선. 잘하고 있는지, 부족한지 따지지 않고, 설명을 요구하지도 않는 시선. 그동안의 나는 늘 나를 성적표처럼 들여다보며 점수를 매기느라 바빴지, 이런 방식으로 나를 마주한 적은 거의 없었다는 사실을 그제야 알아차렸다. 누군가의 눈을 바라보고 있었지만, 사실은 그 순간 처음으로 나 자신을 향해 그런 시선을 연습하고 있었는지도 모르겠다.

말이 없으니 오히려 더 많은 것들이 오갔다. 설명하지 않아도 괜찮았고, 이해받으려 애쓰지 않아도 괜찮았다. 괜찮지 않은 날들이 있었을 거라는 것도, 쉽게 말하지 못한 마음들이 쌓여 있을 거라는 것도, 굳이 묻지 않아도 느껴졌다. 그리고 이상하게도 그 모든 것을 알아야 할 필요는 없다는 생각이 들었다. 다 알지 못해도, 다 말하지 않아도, 그저 이렇게 바라봐 주는 것만으로도 충분히 위로가 될 수 있다는 사실이, 그날 처음으로 마음 깊은 곳에 남았다.

그 시간 속에서 나는 처음으로, 말없이 위로를 건네는 경험을 했다. 동시에 말없이 위로를 받고 있다는 느낌도 들었다. 이 사람이 오늘 하루를 무사히 보내기를, 앞으로의 날들이 지금보다 조금은 덜 아프기를, 설명 없이도 진심으로 바라고 있었다. 아무것도 해주지 않았는데도, 아무 말도 하지 않았는데도, 그 마음만으로 충분하다는 생각이 처음으로 들었다.

그렇게 우리는, 그날 함께 온 사람들뿐만 아니라 강연장에 앉아 있던 모두를 향해 교수님이 이끌어준 문장들을 소리 내어 함께 말했다. 각자의 목소리는 크지 않았지만, 강연장 안에는 이상하리만큼 또렷한 울림이 돌고 있었다.

당신이 모든 위험에서 벗어나기를. 당신의 마음이 편안하기를. 당신의 몸이 건강하기를. 그리고 당신의 하루가 고요하고 평온하기를.

교수님은 강연 중에 이런 이야기를 덧붙였다. 엘리베이터에서 잠시 스쳐 지나가는 모르는 사람의 뒤통수를 바라보며 오늘 하루를 잘 보내기를 마음속으로 빌어준다는 이야기였다. 처음에는 조금 낯설게 들렸지만, 곧 이해가 되었다. 이세상에 살아가는 사람들은 결국 모두 비슷한 얼굴을 하고 각자의 인생을 살아간다는 것. 겉으로는 아무 일 없어 보여도, 저마다의 고민과 두려움, 애써 삼킨 감정을 안고 하루를 살아가고 있다는 사실을. 그걸 알아차리는 순간, 이상하게도 경쟁심보다는 연민에 가까운 마음이 먼저 올라왔다. 나와 비슷한 저 사람이, 오늘만큼은 조금 덜 힘들기를 바라는 마음이었다.

그 이야기를 듣는 순간, 나는 처음으로 세상을 조금 다른 눈으로 바라보게 되었다. 엘리베이터 안에서 스쳐 지나가는 사람들, 길에서 마주치는 낯선 얼굴들, 이름도 사연도 모르는 타인들까지. 그동안의 나는 그들을 너무 쉽게 '비교의 대상'이나 '경쟁의 일부'로만 분류해왔다는 사실을 깨달았다. 나보다 앞서 있으면 부러워했고, 뒤처져 보이면 안도했고, 애매한 위치에 있으면 괜히 나와 견주었다. 하지만 그 교수님의 말은, 그 모든 시선을 아주 조용히 내려놓게 만들었다. 저 사람도 어딘가에서는 흔들리고 있을지 모른다는 생각, 나처럼 하루를 버티며 살아가고 있을지도 모른다는 감각이 처음으로 마음에 닿았다.

그렇게 타인을 바라보는 기준이 달라지자, 이상하게도 세상이 조금 덜 날카롭게 느껴졌다. 누군가의 성공이 더 이상 내 실패처럼 느껴지지 않았고, 남의 삶이 내 삶을 위협하는 기준처럼 다가오지도 않았다. 모두가 각자의 자리에서, 각자의 속도로 살아가고 있다는 단순한 사실이 그제야 실감 났다. 그리고 그 순간 처음으로 알았다. 내가 그토록 나 자신을 몰아붙여왔던 이유는, 세상이 나를 공격해서가 아니라, 내가 세상을 경쟁의 눈으로만 바라보고 있었기 때문이라는 것을. 시선을 바꾸는 것만으로도, 삶은 이렇게 조용해질 수 있다는 사실을 그날 처음 배웠다.

그 이후로 나는 천천히, 남의 행복을 바라는 방법과 나를 사랑하는 힘을 함께 배워가기 시작했다. 예전의 나는 남의 잘됨 앞에서 쉽게 배가 아팠고, 누군가의 성취를 보며 이유 없는 열등감을 느끼곤 했다. 돌이켜보면, 그 긴 시간 동안 나는 남의 불행을 은근히 바라면서 스스로를 더 불행하게 만들고 있었다. 누군가를 밟아야 내가 올라갈 수 있다고 믿었던 시간들 속에서, 사실 가장 많이 밟히고 있었던 건 내 마음이었다는 걸 서른 즈음이 되어서야 알게 되었다.

조금씩 시선이 바뀌자, 마음도 달라졌다. 나는 어느새 남의 행복을 진심으로 축하해줄 수 있는 사람이 되어가고 있었다. 그 사람의 성취를 볼 때, 예전처럼 결과만 보지 않게 되었다. 대신 그 뒤에 있었을 시간들, 버텨냈을 밤들, 포기하지 않았을 마음들이 자연스럽게 떠올랐다. 그래서인지 축하는 더 이상 형식적인 말이 아니라, 마음에서 우러나는 응원이 되었다. 잘됐다는 말 한마디에도, 진심이 담기기 시작했다.

신기하게도 그 무렵부터, 다른 사람들이 나의 잘됨을 축하해주는 순간들이 조금씩 또렷하게 느껴지기 시작했다. 사실 생각해보면, 그 전에도 나는 같은 축하를 받고 있었다. 다만 그때의 나는 그 마음을 제대로 받아들일 준비가 되어 있지 않았던 것뿐이었다. 누군가의 응원 앞에서도 의심부터 했고, 진심을 진심으로 받아들이지 못했다.

남을 진심으로 사랑하고, 남의 행복을 기꺼이 빌어줄 수 있게 되었을 때, 나는 비로소 나 자신에게도 같은 태도를 건넬 수 있게 되었다. 스스로를 몰아붙이기보다는 위로할 수 있게 되었고, 부족한 날의 나에게도 괜찮다고 말해줄 수 있게 되었다. 그렇게 나는 남을 축복하는 연습을 통해, 결국 나 자신을 사랑하는 법을 배우고 있었다.

그 과정에서 과거의 나 또한 조금씩 미워하지 않게 되었다. 처음으로 나를 사랑하는 방법을 알았다고 느꼈을 때는, 왜 그때의 나는 그러지 못했을까 하며 스스로를 원망하기도 했다. 왜 그렇게까지 나를 몰아붙였을까, 왜 그렇게 날카로웠을까. 하지만 이제는 안다. 그 시절의 나 역시, 나름의 방식으로 최선을 다해 살아가고 있었다는 것을.

남들을 짓밟아야만 살아남을 수 있을 것 같았던 날들, 성공의 기준에 닿지 못해 스스로를 깎아내리던 순간들, 뒤처질까 봐 늘 불안에 떨며 하루를 버텨내던 날들. 그 모든 시간을 끝내 포기하지 않고 살아낸 사람이 있었기에, 지금의 내가 여기에 서 있을 수 있었다. 그래서 이제는 그 시절의 나에게도, 조금 늦게나마 고맙다는 말을 건넬 수 있게 되었다.

행복이라는 감정이 무엇인지 조금은 알게 된 지금의 나는, 더 이상 나 자신을 다그치지 않는다. 넘어져도 괜찮고, 아프면 잠시 쉬어가도 괜찮고, 남들보다 느리게 걷는 날이 있어도 괜찮다고 스스로에게 말해줄 수 있는 사람이 되었다. 잘해내지 못한 하루에도, 오늘 하루를 살아낸 것만으로 충분하다고 말해줄 수 있게 되었다.

정말로 사랑하는 사람에게 하듯, 따뜻한 위로의 말과 조심스러운 응원의 말을 이제는 나 자신에게도 건넬 수 있게 되었다. 더 나아가야 한다고 재촉하기보다, 여기까지 온 것만으로도 잘했다고 말해주는 사람이 되었다.

그리고 이 모든 것을, 이미 어른이 되었을 것만 같았던 서른이라는 나이에 이르러서야, 마치 어린아이가 처음 중요한 가치를 배우듯 하나씩 배워가고 있다. 늦게 배웠다고 해서 덜 중요한 것이 아니었고, 돌아온 길이라고 해서 헛된 것도 아니었다.

그래서 이제는, 그날 강연장에서 끝내 대답하지 못했던 그 질문에 답할 수 있게 되었다.

"당신은 당신 스스로를 사랑하나요?"

"네."

괜찮은 서른입니다

서른을 잘 채울 방법은 끝내 찾지 못했다. 어디에도 정답은 없었고, 누구의 삶도 그대로 따라 해 볼 수는 없었다. 다만 나답게 살기 시작하니 비로소 '살아 있는 삶'이 시작되었다는 사실만은 분명했다. 그전까지의 나는 늘 잘 살기 위해 애썼지만, 정작 어떻게 살아야 하는지는 모르고 있었다.

이 책에 적힌 이야기들은 특별한 성공담이 아니다. 오히려 실패에 더 가깝고, 흔들림에 더 가깝고, 때로는 부끄러운 마음에 가까운 기록들이다. 그럼에도 불구하고 이 이야기를 남기기로 한 이유는, 나처럼 스스로를 몰아붙이며 살아온 누군가에게 "괜찮다"는 말을 조심스럽게 건네고 싶었기 때문이다.

나는 오랫동안 나 자신과 싸우며 살아왔다. 남보다 느리다는 이유로, 남들만큼 가지지 못했다는 이유로, 아직 도착하지 못한 어딘가를 기준 삼아 이미 충분히 애쓰고 있는 나를 계속해서 깎아내렸다. 그 과정에서 나는 수없이 나를 잃어버렸고, 그 사실조차 모른 채 '열심히 살고 있다'는 말로 스스로를 달래고 있었다.

서른을 지나며 알게 되었다. 삶은 결코 한 번의 선택으로 완성되지 않는다는 것을. 틀린 답을 고르고도 다시 고칠 수 있고, 늦게 출발해도 결국 나만의 속도로 도착할 수 있다는 것을. 무너지지 않는 사람이 되는 것보다, 무너진 뒤에도 다시 나를 정렬할 수 있는 사람이 되는 것이 훨씬 중요하다는 것도.

이제 나는 완성된 어른이 되려고 애쓰지 않는다. 대신 흔들리더라도 나를 놓치지 않는 쪽을 택하려 한다. 불안한 날에는 불안한 나를 밀어내지 않고, 잘하지 못한 날에는 잘하지 못한 나를 그대로 두기로 했다. 그런 선택들이 쌓이며, 내 삶에는 비로소 숨 쉴 틈이 생겼다.

어쩌면 서른은 무언가를 증명해야 하는 나이가 아니라, 비로소 나에게 질문을 던질 수 있게 되는 나이일지도 모른다. 나는 지금 어떤 속도로 살아가고 있는지, 이 삶이 정말 나를 닮아 있는지, 그리고 무엇보다 나는 나 자신에게 얼마나 다정한지.

이 책을 덮는 당신이 지금의 삶이 마음에 들지 않더라도, 아직 기준을 찾지 못해 흔들리고 있더라도, 혹은 남들과 비교하며 스스로를 자주 미워하고 있다면, 그 모든 상태 역시 잘못된 삶은 아니라는 말을 전하고 싶다. 당신은 이미 충분히 애써왔고, 충분히 오래 버텨왔으며, 생각보다 훨씬 단단하게 여기까지 와 있다.

나는 이제 안다. 나답게 살기 시작하니 비로소 삶이 살아지기 시작했다는 것을. 이 기록이 누군가에게 남은 인생을 향한 첫걸음이 되기를 바라며, 서른을 지나며 마주한 마음들을 조심스럽게 적어두었다.

아직 완성되지 않았기에, 그래서 더 괜찮은 우리의 서른. 지금 이 페이지에 닿아 있는 나와 당신의, 괜찮은 서른을 응원합니다.

서른이면 잘 살 줄 알았지
© 김빛나

초판 1쇄 인쇄 2026년 1월 21일

지은이 김빛나
기 획 조영훈
편 집 조영훈
디자인 유랙어
마케팅 정호윤, 김민지
펴낸곳 모티브
이메일 motive@billionairecorp.com

ISBN 979-11-94600-91-6 (03190)